EM BUSCA DO SENTIDO
estudos discursivos

Conselho Acadêmico
Ataliba Teixeira de Castilho
Carlos Eduardo Lins da Silva
Carlos Fico
Jaime Cordeiro
José Luiz Fiorin
Tania Regina de Luca

Proibida a reprodução total ou parcial em qualquer mídia
sem a autorização escrita da editora.
Os infratores estão sujeitos às penas da lei.

A Editora não é responsável pelo conteúdo deste livro.
O Autor conhece os fatos narrados, pelos quais é responsável,
assim como se responsabiliza pelos juízos emitidos.

Consulte nosso catálogo completo e últimos lançamentos em **www.editoracontexto.com.br**.

EM BUSCA DO SENTIDO
estudos discursivos

JOSÉ LUIZ FIORIN

Copyright © 2008 José Luiz Fiorin

Todos os direitos desta edição reservados à
Editora Contexto (Editora Pinsky Ltda.)

Montagem de capa e diagramação
Gustavo S. Vilas Boas

Preparação de textos
Márcia Nunes

Revisão
Lilian Aquino

Dados Internacionais de Catalogação na Publicação (CIP)
(Câmara Brasileira do Livro, SP, Brasil)

Fiorin, José Luiz
Em busca do sentido : estudos discursivos / José Luiz Fiorin. –
2. ed., 2ª reimpressão. – São Paulo : Contexto, 2024.

Bibliografia.
ISBN 978-85-7244-414-9

1. Análise do discurso 2. Linguagem 3. Linguística 4. Semântica
5. Semiótica I. Título.

08-09158   CDD-410

Índice para catálogo sistemático:
1. Linguística 410

2024

EDITORA CONTEXTO
Diretor editorial: *Jaime Pinsky*

Rua Dr. José Elias, 520 – Alto da Lapa
05083-030 – São Paulo – SP
PABX: (11) 3832 5838
contato@editoracontexto.com.br
www.editoracontexto.com.br

SUMÁRIO

PREFÁCIO..7

PARTE I
DEMARCAÇÃO DE CAMPOS

Enunciação e Semiótica...15

Fruição artística e catarse...37

Três questões sobre a relação
entre expressão e conteúdo..57

PARTE II
TRATAMENTO DISCURSIVO
DE QUESTÕES DE LINGUAGEM

Metáfora e metonímia:
dois processos de construção do discurso..............71

Uma concepção discursiva de estilo.........................93

Modalização: da língua ao discurso........................113

PARTE III
SEMÂNTICA DAS CATEGORIAS DA ENUNCIAÇÃO

O *éthos* do enunciador...137

O *páthos* do enunciatário..153

A construção dos espaços
e atores do novo mundo..163

O AUTOR..187

OS TEXTOS PUBLICADOS NESTE LIVRO APARECERAM ORIGINALMENTE NAS SEGUINTES OBRAS:

1) Enunciação e Semiótica. *Letras*. Santa Maria: UFSM, 33: 69-97, 2006.

2) Fruição artística e catarse. *Letras*. Santa Maria: UFSM, 20: 11-38, 2000.

3) Três questões sobre a relação entre expressão e conteúdo. *Itinerários Revista de Literatura*. Araraquara: Unesp, 1: 77-89, 2003.

4) "Métaphore et métonymie: deux processus de construction du discours" In: GRASSIN, Jean Marie (ed.). *Dictionnarie International de Termes Littéraires*. Université de Limoges, 2005. Disponível em <www.ditl.info/arttest/art8000.php>.

5) "Uma concepção discursiva de estilo". In: CAÑIZAL, E. P.; CAETANO, K. E. *O olhar à deriva:* mídia, significação e cultura. São Paulo: Annablume, 2004, p. 169-193.

6) Modalização: da língua ao discurso. *Alfa. Revista de Linguística*. São Paulo: Unesp, 44: 171-192, 2002.

7) "O *éthos* do enunciador". In: CORTINA, Arnaldo; MARCHEZAN, Renata Coelho. *Razões e sensibilidades:* a semiótica em foco. Araraquara/São Paulo: Laboratório Editorial da FCL da Unesp/Cultura Acadêmica Editora, 2004, p. 117-138.

8) O *páthos* do enunciatário. *Alfa. Revista de Linguística*. São Paulo: Unesp, 48: 69-78, 2004.

9) Identidades e diferenças na construção dos espaços e atores do novo mundo. In: BARROS, Diana Luz Pessoa de. (org.). *Os discursos do descobrimento:* 500 e mais anos de discursos. São Paulo: Fapesp/EDUSP, 2000, p. 27-50.

PREFÁCIO

[...] a verdade só é eterna enquanto evolução eterna da verdade.
(Bakhtin, *Marxismo e filosofia da linguagem*, São Paulo: Hucitec, 1979, p. 180)

Estou dando ao público uma coletânea de artigos escritos em diversas épocas de minha vida acadêmica. Desde há muitos séculos, fazem-se compilações de textos considerados significativos de algum ponto de vista. Em nossa civilização, a mais antiga dessas seleções é a coleção de epigramas de diversos escritores, escolhidos por Meléagro de Gádara, que viveu no século I a.C. Esse poeta intitulou sua obra *antologia*, palavra composta de *anthós*, "flor", e *légo*, "colher, escolher, reunir": coletânea de textos escolhidos. No proêmio, ele definia sua seleta como uma guirlanda, ou melhor, uma coroa de flores (*stéphanos*). Os latinos chamavam a esse tipo de obra *florilégio*, tradução exata do termo grego *antologia*. Uma antologia é uma coleção de textos ou fragmentos unidos por determinada característica (por exemplo, pertencer a um mesmo autor, a um dado gênero, a uma determinada época, a um certo movimento literário, apresentar o mesmo tema) e escolhidos de acordo com certo critério (utilidade didática, perfeição artística, função ideológica, testemunho de uma época, de um movimento literário). As antologias podem ser individuais, quando são centradas num só autor, ou coletivas, quando apresentam diferentes autores. Dizia-se que a antologia era uma coletânea de textos literários em prosa ou verso. No entanto, ela surge num tempo que se considera literária qualquer produção escrita. Ela é, pois, qualquer conjunto de textos, embora ainda predominem as coletâneas de textos literários.

As características básicas desse tipo de obra são a seleção dos textos e a qualidade do que é escolhido.

8

A seleção é sempre feita com base em algum critério. É o mesmo princípio que preside à elaboração das listas. Assim, o poema *Homenagem*, de Drummond, relaciona uma série de escritores, segundo um princípio exposto em versos:

Jack London	Vachel Lindsay	Hart Crane
René Crevel	Walter Benjamin	Cesare Pavese
Stefan Zweig	Virgínia Woof	Raul Pompeia
	Sá-Carneiro	

e disse apenas alguns
de tantos que escolheram
o dia a hora o gesto
o meio
a dis-
solução

(*Poesia e prosa*. Rio de Janeiro: Nova Aguilar, 1983: 477)

Os fundamentos para a eleição do que vai figurar numa compilação são inúmeros: o autor (*Melhores poemas de José Paulo Paes*), o estilo (*Antologia da poesia parnasiana*), o gênero (*Antologia do conto policial; Antologia pessoal de receitas para a Semana Santa*), o público-alvo (*Antologia de poesias brasileiras para crianças*), a extensão do texto (*Os cem menores contos brasileiros do século*), o tema (*Antologia do sadomasoquismo*), a época (*Antologia de textos filosóficos dos séculos XVII e XVIII*), etc. Como se observa, esses critérios cruzam-se, criando infinitas possibilidades. A antologia não se define apenas pela presença, mas também, e talvez principalmente, pela ausência, pelos nomes que foram descartados, como no caso das antologias que deixam de lado textos eróticos ou autores considerados não recomendáveis para os jovens.

Seleciona-se aquilo que se julga de qualidade. Essa característica vem expressa nos nomes que receberam as coletâneas de textos ao longo dos tempos, principalmente na utilização de expressões florais, que revelam a ideia da beleza do que foi escolhido: *antologia, florilégio, ramalhete, guirlanda, parnaso, seleta, crestomatia* (de *kréstos* "útil" e *mantháno* "aprender": coletânea de textos escolhidos para uso didático), *tesouro*...

As antologias são também construídas segundo o princípio da representatividade. Considera-se que o que foi selecionado (parte) representa uma totalidade.

Como se vê, uma vez elaborada, a coletânea torna-se uma obra nova e presta inúmeros serviços. Diferentes autores falaram sobre a função que as antologias tiveram em sua formação.

José Lins do Rego, em *Doidinho*, afirma:

> Era um pedaço da *Seleta Clássica* que até me divertia. Lá vinha o Paque-quer rolando de cascata em cascata, do trecho do José de Alencar. Havia um pedaço sobre Napoleão. Napoleão que eu conhecia era o do Pilar; mas aquele tinha todos os caracteres e todas as religiões: católico na França, protestante na Alemanha, muçulmano no Egito. A *Queimada* de Castro Alves e o há dois mil anos te mandei meu grito das *Vozes da África*. [...] Esses trechos da *Seleta Clássica*, de tão repetidos, já ficavam íntimos da minha memória [...] (25. ed. Rio de Janeiro: Nova Fronteira, 1984: 43).

Manuel Bandeira, no *Itinerário de Pasárgada*, mostra que a *Antologia nacional* foi sua iniciação literária, quando percebe que a tessitura sonora dos poemas é mais importante do que aquilo que é dito:

> Do Camões lírico apenas sabia o que vinha nas antologias escolares, es-pecialmente na que era adotada no Ginásio, a de Fausto Barreto e Carlos de Laet. Eis outro livro que fez as delícias da minha meninice e de certo modo me iniciou na literatura de minha língua. Antes dos parnasianos, a cantata "Dido", de Garção (meu pai me fez decorá-la), já me dera a emoção da forma pela forma, e era com verdadeiro deleite que eu repetia certos versos de beleza puramente verbal: E nas douradas grimpas/ Das cúpulas soberbas/ Piam noturnas agoureiras aves... E mais adiante: De roxas espadanas rociadas/ Tremem da sala as dóricas colunas... (*Poesia completa e prosa*. Rio de Janeiro: Nova Aguilar, 1983: 35-36).

As coletâneas representam uma dada produção, sendo um lugar de memória discursiva. Elas, fundando-se num ponto de vista, abrem uma série de rotas para o leitor. Para evitar extravios, importa deixar clara a proposta que orientou a inclusão dos textos.

No caso desta reunião de textos, fiz uma cartografia de meu trabalho acadêmico. O critério que guiou a escolha dos textos que nela figuram foram as três linhas de força que nortearam minha produção: a) a busca de expandir modelos teóricos; b) a abordagem discursiva de fenômenos examinados pela retórica ou pela linguística frástica; c) o estudo do problema da enunciação. Por isso, os textos estão divididos em três grupos.

Para a parte intitulada "Demarcação de campos", escolhi três textos que mostram a preocupação de explorar as teorias até o limite de suas possibilidades: 1) *Enunciação e Semiótica* tem o objetivo de expor o lugar ocupado pela enunciação na Semiótica e mostrar o alcance dessa opção teórica; 2) *Fruição artística e catarse* procura desvelar as possibilidades de análise, do ponto de vista da significação, das situações e experiências; 3) *Três questões sobre a relação entre expressão e conteúdo* discute o conceito de semissimbolismo e examina todas as suas virtualidades para o estudo da textualização.

Para o grupo denominado "Tratamento discursivo de questões de linguagem", selecionei textos que buscam estudar discursivamente as figuras de palavras, o estilo e as modalidades: 1) *Metáfora e metonímia: dois processos de construção do discurso*; 2) *Uma concepção discursiva de estilo*; 3) *Modalização: da língua ao discurso*.

Representando minha preocupação com questões de enunciação, elegi, na parte designada com o nome "Semântica das categorias da enunciação", textos que estudam os investimentos semânticos que se fazem nas categorias de pessoa e de espaço. Assim, analiso a concretização do eu, em *O éthos do enunciador*; do tu, em *O páthos do enunciatário*; do ele e do espaço, em *A construção dos espaços e atores do novo mundo*.

Existe um critério claro para a seleção dos textos. Entretanto, não tenho certeza de que se trata de meus "melhores momentos". Deixo isso ao arbítrio do leitor. Não sei se hoje trataria essas questões da mesma forma. Afinal, um acadêmico deve ser conduzido pela frase do filósofo russo em epígrafe a este prefácio. Na ciência não há verdades, há apenas construções provisórias em sua busca. No entanto, as propostas feitas continuam, para mim, válidas, até que o embate das ideias, elemento essencial para a elaboração científica, mostrem que me equivoquei. Nesse momento, repetirei uma afirmação de Jakobson, lida em algum lugar: "É maravilhoso. A coisa mais importante de se dizer sempre é: eu me enganei".

*   *   *

Nos últimos tempos, os autores de livros técnicos, científicos ou didáticos veem-se tolhidos em seu trabalho, por exigências descabidas de autorização ou de pagamento para citar toda e qualquer obra alheia. Essas exigências são despropositadas, porque o item III do artigo 46 da lei n. 9610/98, que trata do direito autoral, diz explicitamente que "não constitui ofensa aos direitos autorais":

> a citação em livros, jornais, revistas ou qualquer outro meio de comunicação, de passagens de qualquer obra, para fins de estudo, crítica ou polêmica, na medida justificada para o fim a atingir, indicando-se o nome do autor e a origem da obra.

Ademais, o despropósito é tão grande que se começa a querer que se pague por citações de uma edição atual de obras que estão em domínio público e pelas quais uma editora nada paga a seu autor. A ameaça de processo, que implicaria perda de tempo e muitos gastos, tem levado as pessoas a evitar a utilização de trechos de obras ainda protegidas por direito de autor ou de excertos de edições novas. No caso dos trabalhos da área de Letras, isso é particularmente grave, porque esse domínio do conhecimento se dedica exatamente a estudar textos. A interpretação que está sendo feita da lei de direito autoral inviabiliza todo e qualquer trabalho da área de Letras. A proteção ao trabalho intelectual é importante, porque permite a liberdade plena de expressão, já que o autor não depende de mecenatos, mas vive de seu trabalho. No entanto, essa proteção não pode, em hipótese alguma, tornar-se um meio de cerceamento do trabalho intelectual.

São Paulo, no final de uma tarde fria do outono de 2008.

José Luiz Fiorin

PARTE I
DEMARCAÇÃO DE CAMPOS

ENUNCIAÇÃO E SEMIÓTICA

Sabemos que, sem teorias, a Pinta, a Niña e a Santa Maria não se teriam feito ao mar. É a teoria que sustenta a livre decisão.
Tunga

A gente é cria de frases.
Manoel de Barros

A SEMÂNTICA ESTRUTURAL

No final do século XIX, Bréal estabeleceu os princípios de uma semântica diacrônica, que tinha a finalidade de estudar as mudanças de sentido das palavras, a fim de investigar os mecanismos que regulam essas alterações. Na primeira metade do século XX, nasce uma semântica voltada para a descrição sincrônica dos significados, que visa a delimitar e analisar os campos semânticos. Essa abordagem taxionômica não se fundamentava em critérios imanentes à linguagem. Pelo fato de a semântica adotar, seja um princípio associacionista, seja um ponto de vista não imanente no estudo do plano de conteúdo, Hjelmslev escreve, em 1957, um texto intitulado *Por uma semântica estrutural* (1991: 111-127), em que vai propor as bases de uma abordagem estrutural em semântica (1991: 116). O linguista dinamarquês começa por mostrar que os domínios da fonologia e da gramática apresentam uma estruturação evidente, o que faz que o estruturalismo seja mais uma continuidade do que uma ruptura em relação a certos modos de análise da Linguística clássica. No entanto, há certo ceticismo em relação à estruturalidade do vocabulário e, por conseguinte, à possibilidade de estudá-lo de um ponto de vista estrutural, pois, em oposição aos fonemas e morfemas, os vocábulos são, de um lado, numerosos (talvez

16

em número ilimitado e incalculável) e, de outro, instáveis, dado que, a todo momento, palavras novas são criadas, enquanto outras se tornam velhas e caem em desuso (1991: 112-113). Conclui Hjelmslev que "o vocabulário se apresenta, numa abordagem inicial, como a negação mesma de um estado, de uma estabilidade, de uma sincronia, de uma *estrutura*" (1991: 113) e, por isso, uma semântica estrutural "parece estar votada ao fracasso e se torna facilmente presa do ceticismo" (1991: 113). Por essas razões, considera ele que a lexicologia é uma casa vazia e que o estudo do vocabulário se limita a uma lexicografia, cujo trabalho consiste simplesmente em enumerar elementos a que se atribui um conjunto de empregos diferentes e aparentemente arbitrários. A semântica estrutural, diferentemente da fonologia e da gramática estruturais, não tem, pois, predecessores. Seu objeto deve ser não os objetos, mas as relações entre as partes que os constituem. Como diz Hjelmslev, "introduzir a noção de *estrutura* no estudo dos fatos semânticos é introduzir a noção de *valor* lado a lado com a de *significação*" (1991: 118).

Mudando um pouco a terminologia hjelmsleviana, poderíamos dizer que, no domínio da semântica, o estruturalismo, portanto, terá por objeto não o significado, mas a significação, isto é, os "valores linguísticos definidos pelas posições relativas das unidades no interior do sistema" (Hjelmslev, 1991: 38). O sentido não é algo isolado, mas surge da relação. Só há sentido na e pela diferença. Assim, os sentidos percebidos pelo falante pressupõem um sistema estruturado de relações. Por conseguinte, a semântica estrutural não visa propriamente ao sentido, mas a sua arquitetura, não tem por objetivo estudar o conteúdo, mas a forma do conteúdo.

O objetivo da semântica estrutural seria, pois, o estabelecimento de um ponto de vista imanente, ou seja, sem recorrer a nenhuma classificação extralinguística, de categorias semânticas responsáveis, numa língua ou num estado de língua, pela criação de significados. Lembrava Hjelmslev que isso permitiria comparar estados de língua diferentes ou línguas distintas e estabelecer uma tipologia de base semântica das línguas. Estava enunciada a possibilidade de uma semântica estrutural diacrônica e de uma semântica estrutural contrastiva. Como se vê, a totalidade que a semântica estrutural pretendia descrever era o léxico das línguas.

A semântica estrutural enfrentava um problema teórico muito grave, que era o de precisar as regras de compatibilidade e de incompatibilidade semântica, que presidem à construção de unidades maiores do que os sememas, como, por exemplo, enunciados e discursos. Por isso, não obteve resultados satisfatórios, a não ser na descrição de certos campos semânticos bem delimitados. A ideia de construir matrizes semânticas comparáveis às da fonologia foi abandonada.

A SEMIÓTICA

Ao renunciar a ilusão dos anos 60 do século xx de que seria possível fazer uma análise exaustiva do plano do conteúdo das línguas naturais, uma vez que isso seria fazer uma descrição completa do conjunto das culturas, o projeto estrutural em semântica busca repensar seu objeto. Estabelece, então, três condições que deveria satisfazer o estudo da significação:

a) ser *gerativo*, ou seja, "concebido sob a forma de investimentos de conteúdo progressivos, dispostos em patamares sucessivos, indo dos investimentos mais abstratos aos mais concretos e figurativos, de tal modo que cada um dos patamares pudesse receber uma representação metalinguística explícita" (Greimas e Courtés, 1979: 327);

b) ser *sintagmático*, isto é, deve explicar não as unidades lexicais particulares, mas a produção e a interpretação do discurso (Greimas e Courtés, 1979: 327);

c) ser *geral*, ou seja, deve ter como postulado a unicidade do sentido, que pode ser manifestado por diferentes planos de expressão ou por vários planos de expressão ao mesmo tempo, como, por exemplo, no cinema (Greimas e Courtés, 1979: 328).

Ao estabelecer essas condições, a Semântica Estrutural desiste do objetivo de descrever exaustivamente o plano do conteúdo das línguas naturais e passa a se conceber como uma teoria do texto, visto como um todo de significação. Visa ela, então, menos a descrever o que o texto diz, mas como o texto diz o que diz, ou seja, os mecanismos internos de agenciamento de sentido.

Analisemos mais detidamente cada uma dessas condições, começando por aquela que diz que a semântica deve ser sintagmática. A dicotomia saussuriana *língua* vs. *fala* sempre foi considerada uma categoria para explicar a estrutura que possibilita os acontecimentos-mensagem. Opunha-se, assim, a língua ao discurso, este visto como da ordem do acontecimento. No entanto, observa-se que as estruturas sintáticas de uma língua natural não organizam o discurso em sua totalidade, mas seus segmentos, o que significa que o discurso possui uma estruturação própria. Ele não é uma grande frase, nem uma sucessão de frases, mas possui uma organização específica. Ademais, quando nos colocamos no plano transfrástico da significação, cujos elementos parecem distribuídos ao longo da linha do tempo, percebemos que a condição do entendimento da mensagem é a transformação da temporalidade em simultaneidade. Captamos a significação de uma história ou da História, quando apreendemos sua totalidade. Dessa forma, a temporalidade ou espacialidade do plano da expressão é o meio de manifestação da significação, que não é temporal ou espacial (Greimas, 1967: 121-122). A simultaneidade é a condição necessária para a descrição estrutural do discurso. A abordagem estrutural em semântica desloca a categoria de *totalidade* da descrição do plano de conteúdo das línguas naturais para a descrição e explicação dos mecanismos que engendram o texto.

Em geral, as teorias linguísticas consideram que a linguagem é uma hierarquia. Esse princípio fica muito claro, quando se aborda o texto. Se não se pode negar que ele tenha uma estruturação, que explica o que faz dele um todo de sentido, não se pode também deixar de ver que ele é a manifestação de singularidades; é, de certa forma, da ordem do acontecimento. Correlaciona, assim, durações de várias ordens, ou, em outras palavras, invariantes e variabilidades. Já Propp, ao analisar os contos maravilhosos russos, mostrara as regularidades subjacentes à variedade dos textos. Ao conceber as invariantes narrativas, como as funções e as esferas de ação, distingue o nível da, por exemplo, *doação do objeto mágico* do nível em que *o peixe dá uma escama* ou *a fada dá um anel* (1970). Por ver o texto como o lugar de regularidades que subjazem à variabilidade, essa Semântica Estrutural estabelece que uma das condições a que deveria obedecer era ser *gerativa*, concebendo, pois, a geração do texto como um percurso que vai das invariantes às variantes, das estruturas mais simples e abstratas às mais complexas e concretas. Todos esses níveis devem ser suscetíveis de receber uma descrição metalinguística adequada, dado que

> a descrição de uma estrutura não é mais que a construção de um modelo metalinguístico, percebido em sua coerência interna e capaz de mostrar o funcionamento, no seio de sua manifestação, da linguagem que se propõe descrever (Greimas, 1967: 125).

Assim, o percurso gerativo de sentido deve ser entendido como um modelo hierárquico, em que se correlacionam os níveis de abstração do sentido. Não procede, assim, a crítica de que a singularidade do texto não é contemplada. O que se quer é analisar as regularidades e mostrar, a partir delas, a construção das especificidades, num processo de complexificação crescente. Depois de analisar, num processo da abstração, as estruturas mais simples, faz-se o percurso inverso e procura-se reconstruir as estruturas mais concretas e complexas.

O percurso gerativo é um simulacro metodológico das abstrações que o leitor faz ao ler um texto. Se se toma uma fábula, como *O lobo e o cordeiro*, e se fica na manifestação textual, ela não faz sentido. É completamente despropositada a história do lobo que apresenta razões para devorar o cordeiro. Quando se faz uma abstração e a fábula é percebida como uma história de homens, em que o mais forte sempre encontra razões para exercer seu domínio sobre o mais fraco, então ela faz sentido.

Outro postulado central dessa abordagem estrutural em semântica é que o conteúdo pode ser manifestado por diferentes planos de expressão. Na tradição hjelmsleviana, *manifestação* opõe-se a *imanência*. O princípio da imanência é o postulado que afirma a especificidade do objeto linguístico, que é a forma, e a exigência metodológica que exclui o recurso aos fatos extralinguísticos para explicar os fenômenos linguísticos. Assim, a forma é o que é manifestado e a substância (sons ou conceitos), sua manifestação. No entanto, como não há expressão linguística sem conteúdo linguístico e vice-versa, a manifestação, entendida como presentificação da forma na substância, pressupõe a semiose, que une a forma da expressão à do conteúdo. Por conseguinte, a manifestação é, antes de mais nada, a postulação do plano da expressão, quando da produção do enunciado, e, inversamente, a atribuição de um plano do conteúdo, quando de sua leitura. Por isso, a análise imanente é a análise de cada um dos planos da linguagem, tomados separadamente. Se o plano do conteúdo deve ser examinado separadamente do da expressão e o mesmo conteúdo pode manifestar-se por distintos planos da expressão, pode-se postular a terceira condição dessa semântica, a de ser *geral*. Isso significa que ela, num primeiro momento da análise, faz abstração do plano da expressão, para analisar o conteúdo, e só depois vai examinar as relações entre expressão e conteúdo, bem como as diferentes especificidades de cada um dos planos de expressão. Isso significa que essa semântica, na medida em que faz inicialmente abstração do plano da expressão, interessa-se tanto pelo texto verbal, quanto pelo visual ou pelo sincrético (aquele cujo conteúdo se manifesta por mais de um plano de expressão, como o cinema, a telenovela, a história em quadrinho, etc.). Dessa forma, essa semântica viabiliza o projeto saussuriano de uma semiologia, que seria a ciência geral dos sistemas de signos (1969: 24). Dizia Saussure, ao postular a unicidade dos fenômenos linguísticos:

> A Linguística não é senão uma parte dessa ciência geral; as leis que a Semiologia descobrir serão aplicáveis à Linguística e esta se achará dessarte vinculada a um domínio bem definido no conjunto dos fatos humanos (1969: 24).

Para demarcar-se do projeto semiológico, que, numa visão muito restrita da definição saussuriana de signo, não leva em conta o processo sêmico, ou seja, o discurso, essa semântica estrutural denomina-se *Semiótica*. É ela uma teoria da significação, ou seja, seu trabalho é o de "explicitar, sob a forma de uma construção conceptual, as condições de apreensão e de produção do sentido" (Greimas e

Courtés, 1979: 345). Situando-se na tradição saussuriana e hjelmsleviana, segundo a qual a significação é a criação e/ou a apreensão de diferenças, procurará determinar o sistema estruturado de relações que produzem o sentido do texto.

O fato de a Semiótica pensar-se como uma teoria do discurso faz que se introduza, na teoria, a questão da enunciação, entendida no sentido benvenistiano como a discursivização da língua. No entanto, seu objeto é o texto. Por isso, entende ela que a passagem das estruturas mais profundas e simples às mais superficiais e concretas se dá pela enunciação. Isso significa que essa semântica não se pretende uma teoria do enunciado, mas deseja integrar enunciação e enunciado numa teoria geral.

O PERCURSO GERATIVO DE SENTIDO

Convém agora precisar melhor o lugar da enunciação na teoria semiótica. Para isso, é necessário entender melhor o percurso gerativo de sentido.

O percurso gerativo é constituído de três patamares: as estruturas fundamentais, as estruturas narrativas e as estruturas discursivas. Vale relembrar que estamos no domínio do conteúdo. As estruturas discursivas serão manifestadas como texto, quando se unirem a um plano de expressão no nível da manifestação. Cada um dos níveis do percurso tem uma sintaxe e uma semântica.

Na gramática, a sintaxe opõe-se à morfologia. Esta ocupa-se da formação das palavras e da expressão das categorias gramaticais por morfemas; aquela, da combinação de palavras, para formar orações, e de orações, para constituir períodos. Na Semiótica, a sintaxe contrapõe-se à semântica. Aquela é o conjunto de mecanismos que ordena os conteúdos; esta, os conteúdos investidos nos arranjos sintáticos. Observe-se, no entanto, que não se trata de uma sintaxe puramente formal, ou seja, não se opõem sintaxe e semântica como o que não é dotado de significado e o que tem significado. Um arranjo sintático é dotado de sentido. Por conseguinte, a distinção entre esses dois componentes reside no fato de que a sintaxe tem uma autonomia maior do que a semântica, o que significa que se podem investir diferentes conteúdos semânticos na mesma estrutura sintática.

O percurso gerativo é composto de níveis de invariância crescente, porque um patamar pode ser concretizado pelo patamar imediatamente superior de diferentes maneiras, isto é, o patamar superior é uma variável em relação ao imediatamente inferior, que é uma invariante. A mesma estrutura narrativa, *um sujeito que entra em disjunção com o objeto vida*, pode ser tematizada como *assassinato, suicídio, morte por acidente,* etc. O mesmo tema pode ser figurativizado de diferentes maneiras. Assim, o tema da *evasão* pode ser figuratizado pela ida para um mundo imaginário, como a Pasárgada de Manuel Bandeira, ou por uma viagem pelos mares do sul. As fotonovelas e as telenovelas trabalham quase sempre com a mesma estrutura narrativa e geralmente com os mesmos temas (ascensão social, realização afetiva, etc.) figurativizados de maneira diferente. Desde a obra inaugural da Semiótica francesa, estava presente a ideia de que o discurso tem invariantes, que se realizam de maneira variável. No entanto, esse arcabouço hoje conhecido por percurso narrativo foi se esboçando ao longo do tempo, para dar conta, como já se disse, do aspecto variante e invariante do discurso. Ele não é uma camisa de força, em que se devem enfiar todos os textos, mas um modelo de análise e de previsibilidade, que, ao mesmo tempo, expõe generalizações sócio-históricas (invariantes) e especificidades de cada texto (variantes).

O filme *O segredo de Brokeback Mountain,* de Ang Lee, feito a partir de um conto de Annie Proulx (2006), que não será aqui analisado em toda a sua complexidade, permite apontar as potencialidades do percurso gerativo (v. Fiorin, 2008). O texto é construído sobre as categorias do nível fundamental *natureza* vs. *cultura.* Aquela é o domínio dos instintos, da sexualidade; esta, o das convenções sociais. A primeira é eufórica; a segunda, disfórica. O texto encadeia os termos dessa categoria da seguinte maneira: afirmação da cultura, negação da cultura (quando os corpos começam a se tocar na noite da montanha) e afirmação da natureza (a forte relação dos dois *cowboys*). Em seguida, há uma negação da natureza, quando Ennis del Mar nega-se a viver com Jack Twist num rancho, e uma afirmação da cultura (os casamentos dos dois). A ambiguidade de afirmar, ao mesmo tempo, termos contrários é constitutiva desse texto.

No nível narrativo, a natureza manifesta-se como singularidade e a cultura, como coletividade. É nesse nível que a história de Jack Twist e Ennis del Mar, os dois *cowboys,* que vivem por mais de vinte anos uma história de amor clandestino, adquire uma dimensão existencial: a sociedade é incapaz de aceitar aqueles que fogem à norma. Temos aqui uma relação entre o ser e o parecer: a questão do segredo e da mentira. No nível do parecer, eles constituem família, aceitam, portanto, as normas sociais, cumprem o que um homem, nesse grupo social, deve fazer. No nível do ser, não é isso que ocorre. Coloca-se o problema da sanção social e do castigo aos que se recusam a adaptar-se ao que é prescrito: a morte. Ennis del Mar viu, certa vez, obrigado pelo pai, os corpos mutilados de dois *cowboys* que se supunham homossexuais. Ele imagina que a morte dos dois foi organizada pelo seu próprio pai. Mais tarde, Jack Twist tem o mesmo destino. Quando Ennis telefona para a mulher dele, para saber notícias, ela diz que ele morrera num acidente de carro provocado pela explosão de um pneu. Ennis sabe que se trata de uma mentira social. Vem a sua lembrança a chave de roda com que os assassinos mataram um dos rancheiros que moravam juntos. O que eles representam não deve sequer ser discursivizado. Coloca-se a questão da impotência do indivíduo perante as convenções sociais: ele quer fazer, não deve fazer (do ponto de vista das normas sociais) e, portanto, não pode fazer. Estabelece-se, a partir daí, uma tipologia dos sujeitos: Jack Twist é o sujeito inconformado e que resiste ativamente às obrigações sociais: ele deve fazer, mas quer não fazer (ele não se satisfaz com os encontros clandestinos esporádicos e com as esparsas relações sexuais e, por isso, procura prostitutos no México e, mais tarde, arruma um novo companheiro); Ennis del Mar é conformado, obedece passivamente aos ditames da sociedade: ele deve fazer e não quer não fazer. É ele quem diz no último parágrafo do conto: "... se não dá para consertar, a gente tem de aguentar" (2006: 67).

No nível discursivo, a cultura aparece tematizada pela repressão, que é figurativizada por Joe Aguirre, o empregador dos dois *cowboys*, que usa um binóculo para vigiá-los. O espaço da montanha é o espaço da liberdade, da natureza: foi lá, em meio à neve, aos riachos e aos animais, que durante vinte anos os dois vaqueiros mantiveram seu relacionamento amoroso. Eles são discursivizados, de maneira extremamente diferente: Ennis del Mar, o conformado, é tímido, calado, realista; Jack Twist, o inconformado, é falante, sonhador. A figurativização de atores e espaço corresponde à do universo masculino do faroeste. Ele é mostrado como o espaço da expressão da singularidade, da fuga da repressão social, o que, no filme, é mostrado como uma relação homossexual.

Quando falamos em percurso gerativo do sentido, estamos analisamos o nível do conteúdo. No entanto, o conteúdo só pode manifestar-se por meio de um plano de expressão. No momento em que, no simulacro metodológico, temos a junção do plano de conteúdo com um plano de expressão, ocorre a textualização. O texto é, assim, uma unidade que se dirige para a manifestação. Seu conteúdo, engendrado por um percurso que vai do mais simples e abstrato ao mais complexo e concreto, manifesta-se por um plano de expressão. Aí, então, sofre a coerção do material que o veicula. Por exemplo, dado que o significante da linguagem verbal é linear, o conteúdo manifesto verbalmente será submetido à linearização.

O mais importante a notar, porém, é que na relação entre conteúdo e expressão gera-se o que chamamos efeitos estilísticos da expressão. Poderíamos dizer que temos basicamente textos com função utilitária (informar, convencer, explicar, documentar, etc.) e função estética. Não vamos discutir longamente as características de cada um desses textos. Vamos apenas apontar uma, que está vinculada à questão do plano de expressão. Se alguém ouve ou lê um texto com função utilitária, não se importa com o plano de expressão. Ao contrário, atravessa-o e vai diretamente ao conteúdo, para entender a informação. No texto com função estética, a expressão ganha relevância, pois o escritor procura não apenas dizer o mundo, mas recriá-lo nas palavras, de tal sorte que importa não apenas o que se diz, mas o modo como se diz. Como o poeta recria o conteúdo na expressão, a articulação entre os dois planos contribui para a significação global do texto. A compreensão de um texto com função estética exige que se entenda não somente o conteúdo, mas também o significado dos elementos da expressão.

Dessa relevância do plano de expressão deriva uma segunda característica do texto com função estética, sua intangibilidade. Valéry, discutindo a diferença entre textos utilitários e estéticos, diz que, quando se faz um resumo do primeiro, apreende-se o essencial; já, quando se resume o segundo, perde-se o essencial (1991: 217).

Quem ler os seguintes versos do poema *A tempestade*, de Gonçalves Dias, *Nos últimos cimos dos montes erguidos/ Já silva, já ruge do vento o pegão;/ Estorcem-se os leques dos verdes palmares,/ Volteiam, rebramam, doudejam nos ares,/ Até que lascados baqueiam no chão* (1957: 868), sem perceber as aliterações das constritivas e das oclusivas terá perdido um elemento essencial do texto, que é o efeito de sentido de fúria da tormenta, dado pela articulação do plano da expressão com o conteúdo manifestado. Com efeito, as constritivas indicam a continuidade do vento, enquanto a oclusivas sugerem a quebra das árvores e a queda dos galhos arrancados pela ventania.

O LUGAR DA ENUNCIAÇÃO NA SEMIÓTICA E AS CATEGORIAS ENUNCIATIVAS

No percurso gerativo, o nível fundamental é invariante e pode ser concretizado variavelmente no nível narrativo. Este, por sua vez, é invariável em relação ao nível discursivo, que realiza variavelmente as estruturas narrativas. Isso significa que o nível discursivo é, de um lado, o nível da realização do conteúdo manifestado pelo texto; de outro, é responsável pela singularidade dos conteúdos expressos, já que ele não é invariante de outro conteúdo variável. A enunciação é vista, como, aliás, já o tinha feito Benveniste, como instância de mediação, que assegura a discursivização da língua, que permite a passagem da competência à performance, isto é, das estruturas semióticas virtuais às estruturas realizadas sob a forma de discurso (Greimas e Courtés, 1979: 126). A montante dessa instância de mediação estão as estruturas semionarrativas, "formas que, atualizando-se como operações, constituem a competência semiótica do sujeito da enunciação" (Greimas e Courtés,

1979: 127). A jusante aparece o discurso. Assim, se o objeto da Semiótica são os textos, a enunciação só pode ser a instância de mediação entre as estruturas virtuais (fundamental e narrativa) e a estrutura realizada (discursiva).

Se a enunciação é a instância constitutiva do enunciado, ela é a "instância linguística logicamente pressuposta pela própria existência do enunciado (que comporta seus traços e suas marcas)" (Greimas e Courtés, 1979: 126). O enunciado, por oposição à enunciação, deve ser concebido como o "estado que dela resulta, independentemente de suas dimensões sintagmáticas" (Greimas e Courtés, 1979: 123). Considerando dessa forma enunciação e enunciado, este comporta frequentemente elementos que remetem à instância de enunciação: de um lado, pronomes pessoais, demonstrativos, possessivos, adjetivos e advérbios apreciativos, dêiticos espaciais e temporais, em síntese, elementos cuja eliminação produz os chamados textos enuncivos, isto é, que tendem a apagar as marcas de enunciação; de outro, termos que descrevem a enunciação, enunciados e reportados no enunciado (Greimas e Courtés, 1979: 124).

Serão considerados fatos enunciativos em sentido lato todos os traços linguísticos da presença do locutor no seio de seu enunciado. Em sentido estrito, os fatos enunciativos são as projeções da enunciação (pessoa, espaço e tempo) no enunciado, recobrindo o que Benveniste chamava o "aparelho formal da enunciação" (1974: 79-88). A enunciação, tanto num sentido como no outro, é a enunciação enunciada, isto é, marcas e traços que a enunciação propriamente dita deixou no enunciado. Em si mesma, a enunciação é da ordem do inefável, só quando se enuncia pode ser apreendida. Assim, como diz Coquet, "a enunciação é sempre, por definição, enunciação enunciada" (1983: 14).

A enunciação deve ser analisada ainda como a instância de instauração do sujeito.[1] Benveniste diz que a propriedade que possibilita a comunicação e, portanto, a atualização da linguagem é que é "na e pela linguagem que o homem se constitui como sujeito, uma vez que, na verdade, só a linguagem funda, na sua realidade, que é a do ser, o conceito de *ego*" (1966: 259). A categoria de pessoa é essencial para que a linguagem se torne discurso. Assim, o *eu* não se refere nem a um indivíduo nem a um conceito, ele refere-se a algo exclusivamente linguístico, ou seja, ao "ato de discurso individual em que *eu* é pronunciado e designa seu locutor" (1966: 261-262).

Como a pessoa enuncia num dado espaço e num determinado tempo, todo espaço e todo tempo organizam-se em torno do "sujeito", tomado como ponto de referência. A partir do espaço e do tempo da enunciação, organizam-se todas as relações espaciais e temporais. Porque a enunciação é o lugar de instauração do sujeito e este é o ponto de referência das relações espaçotemporais, ela é o lugar do *ego, hic et nunc*.

Os mecanismos de instauração de pessoas, espaços e tempos no enunciado são dois: a debreagem e a embreagem. Debreagem é a operação em que a instância de enunciação disjunge de si e projeta para fora de si, no momento da discursivização, certos termos ligados a sua estrutura de base com vistas à constituição dos elementos fundadores do enunciado, isto é, pessoa, espaço e tempo (Greimas e Courtés, 1979: 79). Na medida em que, como mostra Benveniste, a constituição da categoria de pessoa é essencial para construir o discurso e o *eu* está inserido num tempo e num espaço, a debreagem é um elemento fundamental do ato constitutivo do enunciado e, uma vez que a enunciação é uma instância linguística pressuposta pelo enunciado, contribui também para articular a própria instância da enunciação. Assim, a discursivização é o mecanismo criador da pessoa, do espaço e do tempo da enunciação e, ao mesmo tempo, da representação actancial, espacial e temporal do enunciado (Greimas e Courtés, 1979: 79).

Uma vez que a enunciação é a instância da pessoa, do espaço e do tempo, há uma debreagem actancial, uma debreagem espacial e uma debreagem temporal. A debreagem consiste, pois, num primeiro momento, em disjungir do sujeito, do espaço e do tempo da enunciação e em projetar no enunciado um *não eu*, um *não aqui* e um *não agora*. Como nenhum *eu*, *aqui* ou *agora* inscritos no enunciado são realmente a pessoa, o espaço e o tempo da enunciação, uma vez que estes são sempre pressupostos, a projeção da pessoa, do espaço e do tempo da enunciação no enunciado é também uma debreagem (Greimas e Courtés, 1979: 79).

Há, pois, dois tipos bem distintos de debreagem: a enunciativa e a enunciva.[2] A primeira é aquela em que se instalam no enunciado os actantes da enunciação (*eu/tu*), o espaço da enunciação (*aqui*) e o tempo da enunciação (*agora*), ou seja, aquela em que o *não eu*, o *não aqui* e o *não agora* são enunciados como *eu, aqui, agora* (Greimas e Courtés, 1979: 80).

> Resolvo-me a contar, depois de muita hesitação, casos passados há dez anos – e, antes de começar, digo os motivos porque silenciei e porque me decido (Ramos, 1972: 3).

Nesse caso, há uma instalação no enunciado do *eu* enunciador, que utiliza o tempo da enunciação (o *nunc*). Trata-se, nesse caso, de debreagens actancial e temporal enunciativas.

Na debreagem espacial enunciativa, é preciso levar em conta que todo espaço ordenado em função do *aqui* é um espaço enunciativo. Assim, o *lá* que se contrapõe ao *aqui* é enunciativo. É o que ocorre na "Canção do Exílio", de Gonçalves Dias:

26

Minha terra tem palmeiras,
Onde canta o sabiá,
As aves, que aqui gorjeiam,
Não gorjeiam como lá (1957: 83).

Da mesma forma, na debreagem temporal, são enunciativos os tempos ordenados em relação ao *agora* da enunciação. Considerando o momento da enunciação um tempo zero e aplicando a ele a categoria topológica *concomitância/não concomitância (anterioridade/posterioridade)*, obtém-se o conjunto dos tempos enunciativos (presente, pretérito perfeito 1 e futuro do presente).[3] Observe-se anteriormente, no texto de Graciliano Ramos: *silenciei* é um tempo anterior ao *agora*.

A debreagem enunciva é aquela em que se instauram no enunciado os actantes do enunciado *(ele)*, o espaço do enunciado *(algures)* e o tempo do enunciado *(então)*. Cabe lembrar que o *algures* é um ponto instalado no enunciado; da mesma forma, o *então* é um marco temporal inscrito no enunciado, que representa um tempo zero, a que se aplica a categoria topológica *concomitância* vs. *não concomitância*.

> Rubião fitava a enseada, – eram oito horas da manhã. Quem o visse, com os polegares metidos no cordão do chambre, à janela de uma grande casa de Botafogo, cuidaria que ele admirava aquele pedaço de água quieta (Machado de Assis, 1979, v. I: 643).

O texto principia com uma debreagem actancial enunciva, quando nele se estabelece o actante do enunciado, Rubião. O verbo *fitar*, no pretérito imperfeito do indicativo, indica uma ação concomitante em relação a um marco temporal pretérito instituído no texto (eram oito horas da manhã). Como o tempo começa a ordenar-se em relação a uma demarcação constituída no texto, a debreagem temporal é enunciva. Aliás, o *visse* que vem a seguir está relacionado não a um *agora*, mas a um *naquele momento*, o que corrobora a enuncividade. O espaço estabelecido no texto não é o *aqui* da enunciação, é um ponto marcado no texto, *à janela de uma grande casa de Botafogo*.

A debreagem enunciativa e a enunciva criam, em princípio, dois grandes efeitos de sentido: de subjetividade e de objetividade. Com efeito, a instalação dos simulacros do *ego-hic-nunc* enunciativos, com suas apreciações dos fatos, constrói um efeito de subjetividade. Já a eliminação das marcas de enunciação do texto, ou seja, da enunciação enunciada, fazendo que o discurso se construa apenas com enunciado enunciado, produz efeitos de sentido de objetividade. Como o ideal de ciência que se constitui a partir do positivismo é a objetividade, o discurso científico tem como uma de suas regras constitutivas a eliminação de marcas enunciativas, ou seja, aquilo a que se aspira no discurso científico é construir um discurso só com enunciados.

Há também debreagens internas, frequentes no discurso literário e também na conversação ordinária (Greimas e Courtés, 1979: 80). Trata-se do fato de que um actante já debreado, seja ele da enunciação ou do enunciado, se torne instância enunciativa, que opera, portanto, uma segunda debreagem, que pode ser enunciativa ou enunciva. É assim, por exemplo, que se constitui um diálogo: com debreagens internas, em que há mais de uma instância de tomada da palavra. Essas instâncias são hierarquicamente subordinadas umas às outras: o *eu* que fala em discurso direto é dominado por um *eu* narrador que, por sua vez, depende de um *eu* pressuposto pelo enunciado. Em virtude dessa cadeia de subordinação diz-se que o discurso direto é uma debreagem de 2º grau. Seria de 3º, se o sujeito debreado em 2º grau fizesse outra debreagem. Embora esse processo possa ser teoricamente infinito, é quase impossível, por razões práticas, como a limitação da memória, que ele ultrapasse o 3º grau e é muito difícil que vá além do 2º.

Ao contrário da debreagem, que é a colocação fora da instância de enunciação da pessoa, do espaço e do tempo do enunciado, a embreagem é "o efeito de retorno à enunciação", produzido pela neutralização das categorias de pessoa e/ou espaço e/ou tempo, assim como pela denegação da instância do enunciado.

Como a embreagem concerne às três categorias da enunciação, temos, da mesma forma que no caso da debreagem, embreagem actancial, embreagem espacial e embreagem temporal.

A embreagem actancial diz respeito à neutralização na categoria de pessoa. Toda embreagem pressupõe uma debreagem anterior. Quando o Presidente diz "O Presidente da República julga que o Congresso Nacional deve estar afinado com o plano de estabilização econômica", formalmente temos uma debreagem enunciva (um *ele*). No entanto, esse *ele* significa *eu*. Assim, uma debreagem enunciativa (instalação de um *eu*) precede a embreagem, a saber, a neutralização da oposição categórica *eu/ele* em benefício do segundo membro do par, o que denega o enunciado. Denega justamente porque o enunciado é afirmado com uma debreagem prévia (Greimas e Courtés, 1979: 119-121).[4] Negar o enunciado estabelecido é voltar à instância que o precede e é pressuposta por ele. Por conseguinte, obtém-se na embreagem um efeito de identificação entre sujeito do enunciado e sujeito da enunciação, tempo do enunciado e tempo da enunciação, espaço do enunciado e espaço da enunciação.

Você *lá*, que é que está fazendo no meu quintal?

A embreagem espacial concerne a neutralizações na categoria de espaço. *Lá* está, nessa frase, empregado com o valor de *aí*, espaço do enunciatário. Esse uso estabelece uma distância entre os actantes da enunciação, mostrando que a pessoa a quem o enunciador se dirige foi colocada fora do espaço da cena enunciativa.

A embreagem temporal diz respeito a neutralizações na categoria de tempo. Tomemos como exemplo o poema *Profundamente*, de Manuel Bandeira:

Quando ontem adormeci
Na noite de São João
Havia alegria e rumor
Estrondos de bombas luzes de Bengala
Vozes cantigas e risos
Ao pé das fogueiras acesas.

No meio da noite despertei
Não ouvi mais vozes nem risos
Apenas balões
Passavam errantes
Silenciosamente
Apenas de vez em quando
O ruído de um bonde
Cortava o silêncio
Como um túnel.
Onde estavam os que há pouco
Dançavam
Cantavam
E riam
Ao pé das fogueiras acesas?

– Estavam todos dormindo
Estavam todos deitados
Dormindo
Profundamente

* * *

Quando eu tinha seis anos
Não pude ver o fim da festa de São João
Porque adormeci

Hoje não ouço mais as vozes daquele tempo
Minha avó

Meu avô
Totônio Rodrigues
Tomásia
Rosa
Onde estão todos eles?
– Estão todos dormindo
Estão todos deitados
Dormindo
Profundamente.
(1983: 217)

Quando chegamos à segunda parte, compreendemos que *ontem é na víspera do dia de São João do ano em que o poeta tinha seis anos (naquele tempo)*. Essa neutralização entre o tempo enunciativo *ontem* e o tempo enuncivo *na víspera*, em benefício do primeiro, é um recurso para presentificar o passado, reviver o que aconteceu naquela noite de São João, em que o poeta adormece e vive, no tempo antes, rumor e alegria e, no tempo depois, silêncio. Nessa noite, à vigília do poeta corresponde o sono profundo dos que tinham dançado, cantado e rido ao pé das fogueiras acesas.

Ao debrear enuncivamente *a víspera da festa de São João*, no início da segunda parte, o poeta afasta o que revivera, transformando essa revivescência em lembrança. Nos termos de Benveniste, a primeira parte deixou de ser discurso, ou seja, vida, e passou a ser história. Há então uma debreagem enunciativa e volta-se para a vida presente. À vigília de outrora corresponde a vida de hoje; ao silêncio de antanho corresponde a não vida hodierna. O poeta está vivo e só, pois todos os que ele amava estão mortos e enterrados (*dormindo* e *deitados*). No passado tivera essa experiência da ausência, que revive transformando a história em discurso. A embreagem temporal resgatou o tempo das brumas da memória e a debreagem recolocou-o lá novamente.

Dizem Greimas e Courtés que a embreagem, ao mesmo tempo, apresenta-se como um desejo de alcançar a instância da enunciação e

[...] como o fracasso, como a impossibilidade de atingi-la. As duas "referências" com cuja ajuda se procura sair do universo fechado da linguagem, prendê-la a uma exterioridade outra – a referência ao sujeito (à instância de enunciação) e a referência ao objeto (ao mundo que cerca o homem enquanto referente) – no fim das contas, só chegam a produzir ilusões: a ilusão referencial e a ilusão enunciativa (1979: 120).

Os exemplos citados anteriormente são exemplos de *embreagem homocategórica*, que ocorre "quando a debreagem e a embreagem que a segue afetam a mesma categoria, a de pessoa, a do espaço ou a do tempo" (Greimas e Courtés, 1979: 121). A embreagem em que as categorias presentes na debreagem e na embreagem subsequente são distintas é chamada *embreagem heterocategórica*. Um excelente exemplo de embreagem heterocategórica é o uso, muito frequente em português, de uma medida temporal para indicar uma medida espacial.

Fica a três horas de carro daqui.

É preciso ainda distinguir entre *embreagem enunciativa* e *enunciva*. Aquela ocorre quando o termo debreante é tanto enunciativo como enuncivo, mas o embreante é enunciativo. Assim, por exemplo, num *outdoor*, em Minas, a frase "Em Minas, o futuro é agora" debreia a posterioridade enunciativa e nega-a com a concomitância enunciativa, em benefício da última. A embreagem é enunciativa porque é um elemento do sistema enunciativo que resta no enunciado.

Chama-se embreagem enunciva aquela em que o termo debreante pode ser enunciativo ou enuncivo, mas o termo embreante é enuncivo:

> Encurtando, aconselhei o major a fazer a ceata com a menina de suas paixões em recinto de conhaque e beberetes:
> – Como no Taco de Ouro, seu compadre. Para esses preparativos não tem como o Taco de Ouro.
> Que procurasse o Machadinho, um de costeleta escorrida até perto do queixal, que logo aparecia mesa bem encravada no escurinho.
> – Nem o major precisa abrir a boca. Machadinho vendo a cara pintada da peça, sabe no imediato que é negócio sem-vergonhista (Carvalho, 1971: 173).

A primeira fala do narrador e a debreagem interna de 2° grau indicam que a pessoa com quem o coronel falava era o major. Ocorre, portanto, uma debreagem enunciativa. Quando o coronel diz *o major*, temos um *ele* (termo enuncivo) a ocupar o lugar do *tu*. Portanto, trata-se de uma embreagem enunciva.

A embreagem pode ainda classificar-se em *externa*, quando produzida por uma instância enunciativa pressuposta pelo enunciado, e *interna*, quando feita por uma instância enunciativa já inscrita no enunciado.

A embreagem, ao contrário da debreagem, que referencializa as instâncias enunciativas e enuncivas a partir de que o enunciado opera, desreferencializa o enunciado que ela afeta (Greimas e Courtés, 1979: 121). Por exemplo, quando se usa uma terceira pessoa no lugar de uma segunda, é como se o interlocutor não falasse com o interlocutário, mas com outros sobre ele. Dessa forma, desreferencializa-se a instância do *tu*.

Com o conceito de embreagem, podemos explicar as instabilidades nas categorias de pessoa, de tempo e de espaço.

Com as debreagens enunciativas e enuncivas criamos a ilusão de que as pessoas, os espaços e os tempos inscritos na linguagem são decalques das pessoas, dos tempos e dos espaços do mundo. No entanto, a embreagem desfaz essa ilusão, pois patenteia que eles são criações da linguagem.

Os mecanismos de debreagem e de embreagem não pertencem a esta ou aquela língua, a esta ou aquela linguagem (a verbal, por exemplo), mas à linguagem pura e simplesmente. Todas as línguas e todas as linguagens possuem as categorias de pessoa, espaço e tempo, que, no entanto, podem expressar-se diferentemente de uma língua para outra, de uma linguagem para outra.

No filme *La nave va*, de Felini, a personagem que funciona como sujeito observador, ao piscar para a plateia, efetua uma debreagem actancial enunciativa, pois instaura o enunciatário no enunciado. Da mesma forma, quando Tom Jones, no filme do mesmo nome (Inglaterra, 1963, direção de Tony Richardson), joga o casaco na câmera para que o espectador não veja os seios da mulher que ele acabara de salvar das mãos de um soldado, ele desreferencializa o enunciado (é filme mesmo...), produzindo uma embreagem actancial. Nesse caso, a debreagem primeira (Tom Jones do enunciado) passa a embreagem (Tom Jones instaura-se como *eu* pela constituição do *tu*).

No filme *Padre padrone*, dos irmãos Taviani, quando Gavino Ledda está no exército em Pisa, o quartel pisano é o *aqui* em relação à Sardenha, que é o *lá*. Numa dada cena, ele está com uma arma em posição de homenagem à bandeira italiana, que está sendo hasteada no pátio do quartel, enquanto um sargento pronuncia um discurso sobre o valor simbólico da bandeira e sobre o valor da pátria, que ultrapassa o da família. Nesse momento, Gavino começa a recitar paradigmas da língua italiana. Quando chega ao paradigma "silvestre, bucólico, arcádico, etc.", a bandeira italiana está tremulando sobre a paisagem da Sardenha. Quando começa a dizer o paradigma "pai, padrinho, patrono, patrão, Padre Eterno", aparece seu pai a caminhar nos campos sardos. Nesse caso, a bandeira e a voz, que estavam em Pisa, estão na Sardenha, indicando uma neutralização entre o *aqui* e o *lá* em benefício do último. A bandeira e a língua, indicadoras da italianidade, na verdade, estão referidas à Sardenha. O *aqui* cultural adquire identidade em relação ao *lá*.

Na pintura, o quadro *A baía de São Marcos com o retorno do Bucentauro*, de Canaletto, constrói-se com debreagens espaciais e actanciais enuncivas, que instalam espaços (o canal diante de São Marcos, os edifícios) e actantes (gondoleiros e pessoas do povo) do enunciado. Essa debreagem cria um efeito de objetividade, construindo um enunciado enunciado, em que parece estar afastada a enunciação enunciada. Com isso, produz-se como que a vista real, por meio de uma transcrição literal e impessoal. Domina o quadro um efeito de realidade.

32

Já no quadro *A catedral de Ruão*, de Claude Monet, de 1894, busca-se não o objeto, que permanece sempre imutável, mas a cambiante impressão que ele causa aos olhos e à alma do artista. Assim, não há nesse quadro senão o esboço de um enunciado enunciado, enquanto há uma forte enunciação enunciada, uma vez que todos os traços são apreciações que remetem à instância enunciativa. O artista esforça-se por obter a instantaneidade (o *nunc*): quando o efeito luminoso muda, o quadro será outro. Assim, temos nele uma debreagem temporal enunciativa, em que se procura revelar a concomitância em relação ao momento da enunciação.

No quadro *A condição humana*, de Magritte, quando olhamos, vemos uma janela enquadrada por cortinas, pela qual se vê a paisagem exterior. Quando baixamos os olhos, percebemos que se trata de uma tela, pois aparecem as pernas do cavalete. Trata-se de um simulacro do ato enunciativo e de suas ilusões: a pintura mostra que o pintor pintou *x, y, z*. Temos, nesse caso, como que um discurso direto visual.

Esses exemplos mostram que aquilo que se refere à instância da enunciação (debreagem, embreagem, enunciação enunciada, enunciação reportada, enunciado enunciado, enunciativo, enuncivo, *ego*, *hic et nunc*) constitui um conjunto de universais da linguagem. O que é particular a cada língua ou a cada tipo de linguagem são as maneiras de expressar esses universais.

Todos esses mecanismos produzem efeitos de sentido no discurso. Não é indiferente o narrador projetar-se no enunciado ou alhear-se dele; simular uma concomitância dos fatos narrados com o momento da enunciação ou apresentá-los como anteriores ou posteriores a ele; presentificar o pretérito; enunciar um *eu* sob a forma de um *ele*, etc.

ENUNCIAÇÃO, FIGURATIVIZAÇÃO E TEMATIZAÇÃO

Toda a figurativização e tematização manifestam os valores do enunciador e, por conseguinte, estão relacionadas à instância da enunciação. São operações enunciativas, que desvelam os valores, as crenças, as posições do sujeito da enunciação. A tematização produz textos mais abstratos, que tem por função primeira explicar o mundo; a figurativização constrói textos concretos, cuja finalidade principal é criar um simulacro do mundo. Vejamos com o soneto "Círculo vicioso", de Machado de Assis, a manifestação ideológica que se dá com essa operação enunciativa:

Círculo vicioso

Bailando no ar, gemia inquieto vaga-lume:
"Quem me dera que fosse aquela loura estrela,
Que arde no eterno azul, como uma eterna vela!"
Mas a estrela, fitando a lua, com ciúme:

"Pudesse eu copiar-te, ó transparente lume,
Que, da grega coluna à gótica janela,
Contemplou, suspirosa, a fronte amada e bela!"
Mas a lua fitando o sol, com azedume:

"Mísera! tivesse eu aquela enorme, aquela
Claridade imortal, que toda a luz resume!"
Mas o sol, inclinando a rútila capela:

"Pesa-me esta brilhante auréola de nume...
Enfara-me esta azul e desmedida umbela...
Por que não nasci um simples vaga-lume?"
(1979: 151, v. iii)

O texto tematiza o perpétuo descontentamento das pessoas com sua condição de vida. Nele, os seres humanos são apresentados sob a forma de vaga-lume, estrela, lua e sol. Sabemos que eles representam seres humanos, porque, no texto, têm sentimentos próprios do ser humano: ciúme, azedume, enfaramento (= tédio, fastio). Nenhum deles está contente com a luminosidade que tem. Todos, menos o sol, queriam ter mais luz. Observe que a luminosidade é pensada em termos da observação feita pelo ser humano, pois a lua é apresentada como mais luminosa do que a estrela. O soneto pretende mostrar exatamente que uma pessoa olha a outra do ponto de vista da aparência e não da essência. O vaga-lume quer brilhar como uma estrela, que parece uma eterna vela, não apaga e acende como ele. A estrela quer ter (copiar-te) a luz, a claridade (= lume) da lua que, ao longo do tempo, desde aquele caracterizado pela arquitetura grega (grega coluna) até aquele marcado pela arquitetura gótica (gótica janela), contemplou a fronte da mulher que ama. A lua deseja ter o brilho do sol. O sol, inclinando a coroa (= capela) fulgurante (= rútila) considera um peso ter sua imensa claridade, ter aquele círculo luminoso (= auréola) como que de uma divindade (= nume), sente-se entediado (= enfara-me) por ter seu imenso tamanho, a desmedida umbela (= estrutura em forma de guarda-chuva). Machado nesse poema revela um ponto de vista acerca da "natureza" humana e das relações entre as pessoas, sempre regidas pela insatisfação e pela inveja. Ao figurativizar os seres humanos como elementos da natureza, naturaliza as relações sociais.

CONCLUSÕES

Haveria muitos outros temas relativos à enunciação, desenvolvidos pela Semiótica, a tratar: a questão da imagem do enunciador pressuposto criada pelo texto, a problemática do narrador e do narratário, a temática do observador, o problema do andamento do texto, do papel do leitor na produção do sentido, etc. No entanto, optamos por mostrar o lugar ocupado pela enunciação no arcabouço teórico da Semiótica e expor as operações enunciativas de instauração de pessoa, de espaço e de tempo, bem como de figurativização e de tematização.

A Semiótica é herdeira de Benveniste. Como ele, considera a enunciação uma instância de mediação entre a língua e a fala, uma instância logicamente pressuposta pelo enunciado, a instância de instauração do sujeito e, portanto, do *ego-hic-nunc*. No entanto, ao estabelecer o texto como seu objeto, altera o que se considera a língua e a fala. Aquela são as estruturas virtuais do percurso gerativo (nível fundamental e nível narrativo) e esta, as estruturas realizadas (nível discursivo). Dessa forma, de um lado, a Semiótica amplia o alcance da enunciação para todas as linguagens e, de outro, permite explicar o processo de construção discursiva, para além das unidades frásticas, buscando determinar as unidades transfrásticas que entram na constituição do discurso.

NOTAS

[1] Para a Semiótica, o sujeito da enunciação é constituído de enunciador e enunciatário, posição que permite analisar o papel do leitor na produção do sentido do texto.

[2] Essa distinção entre enunciativo e enuncivo é calcada sobre a distinção entre discurso e história operada por Benveniste (1966: 238-245). Lembra ainda a distinção feita por Culioli (1973) dos modos de enunciação em que há referências que se efetuam em relação à situação de enunciação e aqueles em que as referências se fazem em relação ao enunciado; a diferença feita por Danon-Boileau (1982: 95-98) entre referências por anáfora e referências por dêixis; a dicotomia efetuada por Harald Weinrich (1973) entre mundo narrado e mundo comentado. É interessante notar que, a partir do momento em que se nota que esses são dois mecanismos de projeção da enunciação no enunciado, a maior parte das críticas feitas à tipologia de Benveniste, como as célebres objeções feitas por Simonin-Grumbach (1983: 31-69), deixa de ter validade, uma vez que críticos, como, por exemplo, a anteriormente mencionada, baseiam-se fundamentalmente no fato de que há textos construídos com combinações de pessoas, espaços e tempos excluídas pela definição proposta por Benveniste. Os trabalhos apontados acima mostram que esses dois elementos não são textos, mas mecanismos produtores de textos. Por conseguinte, podemos concluir que eles constituem modos de enunciação distintos que se combinam de diversas maneiras para produzir uma gama variada de textos.

[3] O pretérito perfeito tem, em português, dois valores temporais distintos: anterioridade ao agora, que denominamos pretérito perfeito 1, e concomitância a um marco temporal pretérito, que indicamos com o nome pretérito perfeito 2. Os tempos enuncivos são: a) em relação a um marco temporal pretérito – concomitância acabada (pretérito perfeito 2); concomitância inacabada (pretérito imperfeito); anterioridade (pretérito mais que perfeito); posterioridade imperfectiva (futuro do pretérito simples);

posterioridade perfectiva (futuro do pretérito composto); b) em relação a um marco temporal futuro – concomitância (presente do futuro, expresso pelo futuro do presente); anterioridade (futuro anterior, chamado na NGB futuro do presente composto); posterioridade (futuro do futuro, expresso pelo futuro do presente correlacionado ao termo *depois* ou um sinônimo).

[4] A embreagem aproxima-se do que a retórica clássica chamava "enálage", isto é, a possibilidade de usar formas linguísticas com valor deslocado em relação a seu valor usual (Lausberg, 1966 e 1976).

BIBLIOGRAFIA

ALENCAR, José de (1968). *O guarani*. São Paulo: Saraiva, v. I.

BANDEIRA, Manuel (1983). *Poesia completa e prosa*. Rio de Janeiro: Nova Aguilar.

BENVENISTE, Emile (1966). *Problèmes de linguistique générale*. Paris: Gallimard.

CARVALHO, José Cândido de (1971). *O coronel e o lobisomem*. 8. ed. Rio de Janeiro: José Olympio.

COQUET, Jean-Claude (1983). L'implicite de l'énonciation. *Langages*. Paris, 70: 9-14, jun.

CULIOLI, Antoine (1973). Sur quelques contradictions en linguistique. *Communications*. Paris, 20: 83-91, maio.

DANON-BOILEAU, Laurent (1982). *Produire le fictif*. Paris: Klincksieck.

DIAS, Antônio Gonçalves (1957). *Poesias completas*. São Paulo: Saraiva.

FIORIN, José Luiz (2008). "A semiótica discursiva". In: LARA, Gláucia Muniz Proença; MACHADO, Ida Lucia e EMEDIATO, Wander. *Análises do discurso hoje*. Rio de Janeiro: Nova Fronteira.

GREIMAS, A. J. (1967). "Estructura e historia". In: POUILON, J. et alii. *Problemas del estructuralismo*. Cidade do México: Siglo Veinteuno Editores, p. 120-134.

_____ e COURTES, J. (1979). *Sémiotique. Dictionnaire raisonné de la théorie du langage*. Paris: Hachette.

HJELMSLEV, L. (1991). *Ensaios linguísticos*. São Paulo: Perspectiva.

LAUSBERG, H. (1966). *Elementos de retórica literária*. Lisboa: Gulbenkian.

_____ (1976). *Manual de retórica literária*. Madrid: Gredos, v. II.

MACHADO DE ASSIS (1979). *Obra completa*. Rio de Janeiro: Nova Aguilar, v. I e III.

MELO NETO, João Cabral de (1987). *Crime na calle Relator*. Rio de Janeiro: Nova Fronteira.

PROULX, Annie (2006). *O segredo de Brokeback Mountain*. Rio de Janeiro: Intrínseca.

PROPP, W. (1970). *Morphologie du conte*. Paris: Seuil.

RAMOS, Graciliano (1972). *Memórias do cárcere*. 7. ed. São Paulo: Martins, v. I.

SAUSSURE, F. de (1969). *Curso de linguística geral*. São Paulo: Cultrix/EDUSP.

SIMONIN-GRUMBACH, Jenny (1983). "Para uma tipologia dos discursos". In: JAKOBSON, Roman et alii. *Língua, discurso e sociedade*. São Paulo: Global.

VALÉRY, Paul (1991). "Poesia e pensamento abstrato". In: *Variedades*. São Paulo: Iluminuras, p. 201-218.

WEINRICH, H. (1973). *Le temps*. Paris: Seuil.

FRUIÇÃO ARTÍSTICA E CATARSE

A Arte é uma mentira que revela a Verdade.
Picasso

Aquiles só existe por causa de Homero. Tirem do mundo a arte de escrever e é provável que dele se eliminará a glória.
Chateaubriand

A grandeza da verdadeira arte [...] era encontrar, recapturar, fazer-nos conhecer esta realidade distante daquela em que vivemos, da qual nos afastamos mais e mais, à medida que se torna mais espesso e impermeável o conhecimento convencional que substituímos, esta realidade que corríamos o risco de morrer sem ter conhecido e que é, pura e simplesmente, nossa vida.
Proust

Em seu belo livro *De l'imperfection*, Greimas analisa a questão da experiência estética. Na primeira parte, intitulada *La fracture*, examina cinco textos, de diferentes escritores (Tournier, Calvino, Rilke, Tanizaki e Cortázar), que relatam experiências estéticas, para mostrar o que é a estesia. Se o acompanharmos, verificamos que a estesia contém uma fratura nos acontecimentos cotidianos, o enfraquecimento do sujeito, o estatuto particular do objeto, a fusão sensorial do sujeito com o objeto, a unicidade da experiência, a esperança de uma futura conjunção total (1987: 22). A experiência estética é um evento extraordinário enquadrado pela cotidianidade (1987:19), é uma surrealidade englobada pela realidade (1987: 32). Nela o tempo para, o espaço fixa-se (1987: 15-16) e ocorre um sincretismo entre sujeito e objeto

(1987: 31), que estão disjuntos na temporalidade de todos os dias. Rasga-se o parecer imperfeito (1987: 9) e aparece a "nostalgia da perfeição", "oculta pela tela da imperfeição", que constitui a realidade cotidiana (1987: 17).

A leitura dessas cinco análises, no entanto, chama a atenção para o fato de que o objeto estético não tem nelas o mesmo estatuto. O próprio Greimas, ao iniciar a análise do texto de Cortázar, *Continuidade dos parques* (1971: 11-13), chama atenção para isso. Diz que, com o autor argentino, temos uma mudança de problemática, pois, nos outros textos, "a experiência estética aparecia como a apreensão e a reassunção diversa de algum fragmento do mundo natural", enquanto o objeto que se dá a perceber, neste caso, é um "artefato, um objeto literário construído". O objeto literário a que o semioticista alude não é o texto de Cortázar, mas o texto no texto – "que, progressivamente, consegue ocupar o lugar da 'realidade' contextual descrita" (1987: 55). Com efeito, nas quatro primeiras análises, o objeto estético pertence ao mundo natural, enquanto, na quinta, pertence ao domínio dos chamados objetos artísticos, construídos, culturais. No texto de Michel Tournier, o objeto estético é a visão de uma "outra ilha", que é provocada pela suspensão do gotejar de uma clepsidra improvisada e que desencadeia em Robinson um ofuscamento; no de Italo Calvino, é o seio nu de uma moça deitada na praia; em Rilke, é o perfume do jasmim que vem do parque; em Tanizaki, é a cor das sombras. Analisando a estesia provocada por esses objetos, Greimas desvela-nos estéticas do sujeito e estéticas do objeto (1987: 50) e as modulações existentes no interior de cada uma delas (1987: 28). Em Cortázar, ao contrário, o objeto estético é o texto literário.

O conto narra que um homem começa a ler, de maneira intermitente, um livro. Um dia, depois de se ocupar dos negócios, põe-se a ler os últimos capítulos. Toma todos os cuidados para tornar sua leitura o mais confortável possível.

> Recostado em sua poltrona favorita, de costas para a porta que o teria incomodado como uma irritante possibilidade de intromissões, deixou que sua mão esquerda acariciasse, de quando em quando, o veludo verde e pôs-se a ler os últimos capítulos.

Seu contacto com a realidade ambiente é o acariciar o veludo verde. Aos poucos, começa a afastar-se, "linha a linha, daquilo que o rodeava" e "a fantasia novelesca absorveu-o". Essa personagem do plano da enunciação enunciada penetra no enunciado, na ação romanesca, participando como testemunha do encontro das personagens do livro que estava lendo. O homem vai matar alguém. Chega a uma casa, entra e encontra a personagem a ser morta. "A porta do salão, e então o punhal na mão, a luz dos janelões, o alto respaldo de uma poltrona de veludo verde, a cabeça do homem na poltrona lendo um romance". A personagem do enunciado penetra no plano da enunciação enunciada e vai matar o leitor. É uma narrativa da leitura de um romance, ou mais amplamente, é a narrativa da leitura da literatura, ou mais amplamente ainda, é a narrativa da leitura do objeto artístico. Essa narrativa contém um esboço de uma teoria da experiência estética.

Greimas, em sua análise, deixa entrever uma série de questões que mereceriam um aprofundamento:

1. qual é o estatuto desse simulacro (o texto literário) e as condições para "levá-lo a sério"?
2. há graus distintos de penetração nesse objeto?
3. qual é a relação entre o objeto literário e o sujeito que ele absorve?

Sobre a segunda questão, mostra Greimas que, no conto, o sujeito entra em contacto sucessivamente com a organização temática da narrativa (a intriga, o caráter das personagens, a aparência dos heróis) e com seu revestimento figurativo ("deixando-se levar pelas imagens que se formavam e adquiriam cor e movimento") (1987: 56-57). Sobre a terceira, diz que a ilusão romanesca é uma força que se apodera do sujeito prestes a acolhê-la (1987: 57). O sujeito afasta-se da realidade enfraquecida e evanescente e é absorvido pelo mundo da ilusão (1987: 59). Há, pois, uma fusão do sujeito com o objeto. A ficção é uma surrealidade que acolhe em seu interior, quando da apreensão estética, o sujeito (1987: 64). Esse ato de matar suspenso é "a representação simbólica do impacto produzido pela obra trágica sobre o espectador, isto é, da catarse aristotélica" (1987: 67). A "eficácia suprema do objeto literário – ou mais amplamente, estético – sua conjunção assumida pelo sujeito, não está na sua dissolução, na passagem obrigatória pela morte do leitor-espectador" – pergunta Greimas (1987: 67)?

O que pretendemos agora é aprofundar as questões implicitamente enunciadas por Greimas. Remontemos da terceira à primeira.

O sujeito funde-se com o objeto literário, de modo a passar a viver o que está sendo narrado. Essa fusão é, na verdade, uma mudança de plano enunciativo. O sujeito passa do plano da enunciação enunciada para o do enunciado enunciado. Em *A rosa púrpura do Cairo*, de Woody Allen, a mulher, maltratada pelo marido brutal, refugia-se no cinema para esquecer as agruras de sua vida sem graça. Sua fusão com o objeto fílmico é figurativizada pela saída do galã da narrativa segunda, para viver com ela, em seu plano enunciativo, uma história de amor.

40

Em *A mão e a luva*, de Machado de Assis, o narrador convida o narratário a acompanhar as personagens:

> Vamos nós com eles, escada acima, até a sala de visitas, onde Luís foi beijar a mão de sua mãe (1979, v. I: 199).

Nessa outra dimensão enunciativa, o sujeito deixa a realidade da existência, para viver, durante o tempo da experiência estética, uma surrealidade, uma segunda vida. Rodrigo, a personagem de *O retrato I*, de Érico Veríssimo, ao lembrar-se do lugar onde liam, ele e o irmão, livros de aventuras, diz pela voz do narrador:

> O "castelo" não fazia parte do Sobrado: era o "outro mundo". Subir para a água-furtada significava para eles viajar, visitar Bombaim, Londres ou Amsterdã, ir para bordo dum brigue ou dum balão, entrar numa barraca armada em plena selva africana ou cair na masmorra dum castelo feudal onde acabariam morrendo de fome e de sede, não fossem eles dois valentes e astuciosos aventureiros, que sempre conseguiam safar-se, munidos duma espada e fazendo frente a guardas armados de lanças e flechas. Era na água-furtada que tinham seus brinquedos e os livros de aventuras na pele de cujos heróis se metiam (1995: 94).

O narrador do mesmo romance relata-nos as experiências eróticas de Rodrigo com as personagens dos livros:

> Rodrigo, que naquele instante chegara à última página de As Minas de Prata, atirou a brochura no chão, estendeu-se na cama e, puxando a barra do camisolão para cima do peito, ficou de pernas nuas e abertas a olhar para o teto. Inspirou com força, encheu os pulmões de ar, depois expirou lentamente pelo nariz, friccionando o baixo-ventre e achando gostoso o contacto de seus dedos mornos e meio úmidos. Por alguns segundos as personagens do romance moveram-se e falaram em seus pensamentos: Estácio, Cristóvão, Inês... Depois, todos se sumiram e ficou apenas Inês. Rodrigo começou a despi-la devagarinho, e seus dedos já não mais friccionavam o próprio ventre: agora acariciavam os ombros de Inês, desciam-lhe pelas costas, pelas nádegas, pelas coxas... Um calor formigante começou a tomar-lhe conta do corpo (1995: 57).

Nessa mudança de plano enunciativo, o leitor identifica-se com o objeto, o enunciado artístico, e vive sentimentos, aventuras, etc. Ao mudar de plano enunciativo, o leitor passar a conviver com novos actantes, em outros lugares e outros tempos. Alteram-se a actorialidade, a espacialidade e a temporalidade do cotidiano.

É nessa identificação com o objeto literário, nessa passagem a outro plano de enunciação, nessa vivência de outras realidades, que o leitor vive a catarse.[1] Aristóteles, ao analisar a tragédia, usa esse termo, pela primeira vez, para referir-se ao papel da obra de arte. Diz ele que a tragédia, "suscitando o terror e a piedade, tem por efeito a purificação desses sentimentos" (1968, 1449b 24). O Estagirita não desenvolveu essa passagem, nem esclareceu detidamente o que entende por catarse. Toma o termo da Medicina, onde significava a eliminação dos humores corporais maléficos, com vistas ao restabelecimento do equilíbrio próprio da saúde. No universo religioso, o termo designava a purificação ritual, a que eram submetidos os candidatos a uma cerimônia de iniciação. Aristóteles transportou para o universo estético o sentido medicinal e o religioso do termo. A catarse é a libertação daquilo que gera o desequilíbrio, com vistas à reequilibração. Existem duas grandes interpretações da noção aristotélica. A primeira entende que a purgação é a vivência pelo espectador, durante a tragédia, da situação do herói, o que leva à experiência do terror e da piedade, de tal forma que aprende a distanciar de si esses estados patêmicos. A segunda é que a vivência das dores das personagens propicia o alívio das próprias tensões. Como se vê, filiamo-nos à primeira interpretação. Observe-se que, para Aristóteles, certamente por estar analisando a tragédia, somente os estados passionais disfóricos poderiam produzir a catarse. No entanto, é preciso entender de maneira um pouco mais ampla a ideia do processo catártico. Ao identificar-se com o objeto artístico, ao passar a viver outra realidade, ao transitar para um novo plano enunciativo, o sujeito descarrega o peso da realidade cotidiana. Por isso, a catarse insere-se numa fratura da cotidianidade, fazendo o sujeito viver um evento extraordinário. A catarse não se refere a esta ou aquela paixão singular, mas ao descarregar-se da vida ordinária, para viver outra vida, como faz a personagem de *A rosa púrpura do Cairo*.

Há diferentes graus de identificação do sujeito com o objeto artístico. Há aqueles que se identificam com a substância do conteúdo: a realidade retratada na obra literária. Por outro lado, há os que buscam no objeto sua construção, sua arquitetura, sua forma, seja da expressão, seja do conteúdo.

Durante muito tempo, críticos de extração marxista consideraram alienação essa identificação com a substância de conteúdo, quando ela não conduzisse a uma consciência revolucionária.[2] No entanto, em pesquisa que realizou junto a leitoras de *Sabrina* e outros romances populares de igual teor, José Genésio Fernandes encontrou muitos depoimentos que mostram que sua leitura é um acontecimento extraordinário, fraturando a mesmice do cotidiano e instaurando outra realidade, que passa a ser vivida. Por isso, o pesquisador considera que a leitura desses romances faz parte da construção da utopia dessas leitoras, que não são simplesmente consumidoras (2000).

No entanto, outros depoimentos mostram que pode haver uma preocupação com a forma do conteúdo. É Eugênio, de *O seminarista*, de Bernardo de Guimarães, que nos mostra o arrebatamento com a construção do texto literário:

> Eugênio já tinha entrado para a terceira classe de latim, e começando a traduzir o livro dos Tristes de Ovídio e as Églogas de Virgílio sentiu-se tomado de um vivo gosto pela poesia. [...]
>
> Virgílio de um lado, e Ovídio do outro, deram-lhe as mãos e o introduziram no templo da harmonia.

> ....

> Eugênio, pois, ao ler os primeiros versos de Virgílio, sentiu na fronte o bafejo do anjo da poesia que dava-lhe à alma como um sentido a mais, abrindo nela uma nova fonte de suaves e inefáveis emoções. As Églogas do imortal Mantuano o encantavam. As cenas do amor bucólico o arrebatavam retraçando-lhe na fantasia em candentes e melodiosos versos os singelos e aprazíveis painéis da vida campesina, em que tantas vezes ele figurava como ator, e fazendo-lhe lembrar com a mais viva saudade o ditoso tempo em que, junto com Margarida, errante pelos vargedos e colinas da fazenda paterna lidava com o pequeno rebanho de Umbelina. A não ser padre santo – que era até então sua mais forte aspiração, – a vida que mais lhe sorria à imaginação era a do pastor, contanto que fosse em companhia de Margarida (1967: 51-52).

Qual o estatuto do objeto dito estético? Se a identificação do leitor com ele pode dar-se em termos de substância do conteúdo e de forma do conteúdo e da expressão, significa que pode ele seja enfatizar a imitação da "realidade", seja os procedimentos de construção discursiva. Pode-se, portanto, dizer que o objeto estético se constitui entre os polos da *mimese* e da *poiese*. Antonio Candido mostra que, na análise do texto artístico, é preciso ter sempre "consciência da relação arbitrária e deformante que o trabalho artístico estabelece com a realidade, mesmo quando pretende observá-la e transpô-la rigorosamente, pois a mimese é sempre uma forma de poiese" (1975: 12). É preciso modificar a ordem do mundo para torná-la mais expressiva. "Tal paradoxo está no cerne do trabalho literário e garante a sua eficácia como representação do mundo" (Candido, 1975: 13). Mesmo deixando claro que a *mimese* é sempre uma forma de *poiese*, a construção do objeto artístico aproxima-se mais do polo mimético ou mais do poético. Os dois não devem ser vistos como descontinuidades, mas como ponto de chegada de um *continuum*, que vai do mais mimético ao mais poético.

Ouçamos os poetas em apoio à tese de que existe um polo da *mimese* (da imitação) e um da *poiese* (da construção). Analisemos o poema "O ferrageiro de Carmona", de João Cabral (1994: 595-596). Num primeiro plano de leitura, que podemos denominar de trabalho com o ferro, observa-se que há duas maneiras de trabalhá-lo: a fundição e o forjamento. Na primeira, a fôrma faz o ferro adquirir uma forma; na segunda, é a mão do ferreiro que lhe dá a forma. Nesta, o ferreiro realmente trabalha o ferro num corpo a corpo com ele, dá-lhe a forma que quer, enquanto naquela o ferro adquire a forma da fôrma.

Há no texto termos que não se encaixam nesse primeiro plano de leitura e estabelecem um segundo plano. São desencadeadores de isotopia: "língua", "receita ao [...] poeta", "voz". Esses termos remetem à linguagem. Pode-se então denominar o segundo plano de leitura de trabalho com a linguagem. Neste, vemos que há duas maneiras de trabalhar a linguagem: a fundição, que deve ser lida como a construção de textos a partir de uma fórmula, que é a semiótica do mundo natural, e o forjamento, que deve ser concebido como uma produção original dos textos. Naquela, a linguagem (ferro) esparrama-se na fôrma; neste, ela é domada e adquire a forma que o poeta lhe quer dar.

Nos dois planos de leitura, a fundição é apresentada como algo de valor negativo, que se não deve fazer ("o ferro não deve fundir-se"), porque nela há pura mimese ("flores de fôrma moldadas pelas das campinas"). O forjamento é o termo de valor positivo, pois é um trabalho poético ("Forjar: domar o ferro à força/ não até uma flor já sabida,/ mas ao que pode até ser flor/ se flor parece a quem o diga").

Cabe esclarecer um pouco melhor o que estamos chamando forma e substância. Evidentemente, os termos têm relação com os conceitos hjelmslevianos de forma e substância da expressão e do conteúdo. É preciso, porém, com base no conceito de sistema modelizante secundário, desenvolvido pela Semiótica russa, notar que o objeto artístico não é uma semiótica primária, o que significa que constrói sobre a forma de conteúdo e de expressão de uma semiótica primária uma forma da expressão e do conteúdo secundária, o que gera substância do conteúdo e da expressão também secundária. No caso da literatura, o objeto artístico constrói-se sobre a língua natural, sua semiótica primária. No entanto, a literatura não se limita a reproduzir formas e substâncias da língua natural, mas cria sobre ela um novo sistema. Assim, por exemplo, no plano de expressão das línguas naturais, temos as oposições que permitem o surgimento dos sons (substância da expressão). Sobre essa forma, cria o texto poético uma nova forma, em que aparecem esquemas rítmicos, esquemas de repetições de traços fônicos, que engendram efeitos de sentido de ritmos, aliterações, assonâncias, etc.

Os textos ficcionais que se preocupam apenas com a intriga, com a ação, com a representação do mundo (em termos mais técnicos, com a substância do conteúdo), como os romances policiais, os *best-sellers*, as novelas cor-de-rosa, etc., são objetos que se aproximam mais do polo da *mimese*. Uma diferença entre o que chamamos grande literatura e literatura de entretenimento talvez resida nessa aproximação ou não do polo poético. Mais próximos do polo mimético, temos os romances de aventura, que se leem de um só fôlego, em que interessa apenas saber como a história termina. Na vizinhança do polo poético, temos as experiências radicais com o conteúdo e a expressão. Criam-se, assim, duas estéticas: uma da forma e a outra da substância. No âmbito daquela, temos, por exemplo, os quadros de Malévitch; nesta, as cópias de paisagens ao arrebol, ao luar, etc. Ressaltamos mais uma vez que é um equívoco pensar que o leitor não possa ter uma estesia, uma fusão com quaisquer desses objetos.

As novelas policiais e as novelas de crimes são exemplos de uma arte mais mimética do que poética. As segundas contam a história de um crime; as primeiras, a do esclarecimento de um crime. Nestas, o leitor sabe quem é o criminoso e acompanha a ação, para verificar como o detetive (por exemplo, Columbo) vai descobrir o culpado é a história da punição de um crime cometido por autor conhecido. Naquelas, há a decifração de um crime de autor desconhecido. Poder-se-ia dizer que as novelas de crimes organizam-se em torno da sanção pragmática, enquanto as de detetive têm como elemento central uma sanção cognitiva. Nos romances de Agatha Cristhie, a questão central não é o castigo do criminoso, mas sua descoberta.

As fotonovelas apresentam sempre a mesma estrutura: X ama Y, Z é obstáculo a esse amor; Z é removido; X e Y casam-se e são felizes para sempre.

Embora todos esses textos sofram as coerções do gênero, procuram, de maneira geral, estabelecer uma homologia entre o discurso e o mundo.

Quais as características dos textos cujo vetor aponta para o polo poético, ou em outros termos, dos textos literários? Esse assunto já foi objeto de muita discussão e, apesar disso, não há respostas definitivas para ele. Podemos, no entanto, apresentar os critérios mais usados atualmente para caracterizar o texto literário.

Antes de mais nada, é preciso descartar qualquer critério que se fundamente no tema abordado pelo texto. Não há conteúdos exclusivos da literatura nem avessos a seu domínio. Nesse aspecto, a única coisa que se pode afirmar é que, em certas épocas, os textos literários privilegiam certos temas e uma determinada maneira de figurativizá-los. Por exemplo, no barroco, aparece muito nítido o tema da efemeridade da vida e da inexorabilidade da morte; no simbolismo, não aparecem paisagens com luz chapada, ensolaradas, mas lugares enluarados, com figuras imateriais e etéreas. Se o conteúdo é questão de "preferência" de época, não serve de critério para estabelecer a diferença entre texto literário e não literário.

Alguns autores dizem que essa distinção se faz com base no caráter ficcional ou não ficcional dos textos. O literário é ficção; o não literário apresenta a realidade efetivamente existente. Esses autores, ao fazer essa afirmação, não estão pensando que o texto literário não interprete aspectos da realidade, mas que o faz de maneira indireta, recriando o real num plano imaginário. Por exemplo, Graciliano Ramos, em *São Bernardo*, inventou um certo Paulo Honório e uma certa Madalena para revelar como são tantos paulos honórios e tantas madalenas, respectivamente, o burguês empreendedor, enérgico, que pretende possuir e dirigir o mundo, e o ser que se orienta por um humanismo piegas. Eça de Queirós imaginou um certo Conselheiro Acácio que mostra como são tantos conselheiros acácios, ridiculamente sentenciosos, que falam gravemente de coisas vazias e convencionais.

Esse critério põe em evidência aspectos importantes da obra literária, mas esbarra num problema de difícil solução: como diferençar o real do fictício em certas situações concretas, pois essa distinção está relacionada, muitas vezes, às crenças. Ademais, a questão da verdade não é um problema linguístico. O que é um problema linguístico são os efeitos de sentido de verdade que se criam na linguagem. Assim, ficcionalidade e não ficcionalidade devem ser vistas como efeitos de sentido do discurso.

A demarcação deve ser buscada em outro lugar. Atualmente, diz-se que a diferença está no fato de que o texto literário tem uma *função estética*, enquanto o texto não literário tem uma *função utilitária* (informar, convencer, explicar, responder, ordenar, etc.). Em outras palavras, estes estão no polo da *mimese*, aqueles no da *poiese*.

A primeira característica do texto literário é a relevância do plano da expressão, que, nele, serve não apenas para veicular conteúdos, mas para recriá-los em sua organização. Fruir um texto literário é perceber essas

46

recriações do conteúdo na expressão e não só compreender os significados. Quem escreve um texto literário não quer apenas dizer o mundo, mas recriá-lo nas palavras, de forma que, nele, importa não só o que se diz, mas também o modo como se diz.

A mensagem literária é autocentrada, isto é, o autor procura recriar certos conteúdos na organização da expressão. Múltiplos recursos são usados para isso: ritmos, sonoridades, distribuição de sequências por oposições e simetrias, repetição de palavras ou de sons (rimas), etc. Nos versos abaixo de *Os Lusíadas*, a repetição de consoantes oclusivas, especialmente do /t/, mostra a explosão que a tempestade produzia:

> Em tempo de tormenta e vento esquivo,
> De tempestade escura e triste pranto (v, 18, 3-4).

A disposição das palavras no texto pode servir para realçar algum elemento do plano do conteúdo. As formas mais comuns de dispor as palavras e, assim, obter algum efeito de sentido são a gradação, o paralelismo sintático, a disposição caótica, o quiasmo.

O *Sermão histórico e panegírico nos anos da Rainha D. Maria Francisca Isabel de Saboia*, de Vieira, é constituído de uma série de gradações. Para ficar apenas numa delas, observe-se que o orador diz que a guerra é um *monstro que se sustenta das fazendas, do sangue, das vidas*. A gradação mostra a ordem crescente dos prejuízos que a guerra causa: acaba com os bens materiais, deixa pessoas feridas e mutiladas, tira vidas (1959, v. xiv: 361).

Outra característica do texto literário é sua intangibilidade. O poeta francês Valéry, falando do texto literário, diz que o que o distingue do não literário é que, quando se resume este, apanha-se o essencial; quando se resume aquele, perde-se o essencial (1991: 217). De fato, por causa da relevância do plano da expressão, quando se resume um poema ou um romance, perdem eles todo o encanto. No texto literário, não se pode mudar palavras de lugar, suprimir ou acrescentar termos, mudar vocábulos por sinônimos.

O texto literário é conotativo, isto é, cria novos significados. Enquanto o texto não literário aspira à denotação, o texto com função estética busca a conotação. Por isso, usa largamente os mecanismos da metáfora e da metonímia.

No uso estético da linguagem, procura-se desautomatizá-la, criar novas relações entre as palavras, estabelecer associações inesperadas e insólitas entre elas, para tornar singular sua combinatória e, assim, revelar novas maneiras de ver o mundo. Quando o narrador de *Esaú e Jacó*, de Machado de Assis, diz que "a dança é antes um prazer dos olhos que dos pés", conclui afirmando que "a razão (de tal julgamento) não é só dos anos *longos e grisalhos*" (1979, v. I: 1006). Essa combinatória mostra que ele já não é jovem: grisalho intensifica a quantidade de anos.

O texto utilitário busca ter um único significado, enquanto a linguagem em função estética é plurissignificativa. O poema abaixo, fundado na oposição *abertura/fechamento*, cuja articulação caminha no sentido da afirmação do segundo termo, apresenta, pelo menos, dois planos de leitura: o da construção do objeto artístico e o da construção do ser humano.

> Fábula de um arquiteto
>
> A arquitetura como construir portas,
> de abrir; ou como construir o aberto;
> construir, não como ilhar e prender,
> nem construir como fechar secretos;
> construir portas abertas, em portas;
> casas exclusivamente portas e teto.
> O arquiteto: o que abre para o homem
> (tudo se sanearia desde casas abertas)
> portas por-onde, jamais portas-contra;
> por onde, livres: ar luz razão certa.
>
> 2
> Até que, tantos livres o amedrontando,
> renegou dar a viver no claro e aberto.
> Onde vãos de abrir, ele foi amurando
> opacos de fechar; onde vidro, concreto;
> até refechar o homem: na capela útero,
> com confortos de matriz, outra vez feto.
> (João Cabral de Melo Neto, 1994: 345-346)

A linguagem em função estética, que caracteriza o texto literário, apresenta, em síntese, os seguintes traços: relevância do plano da expressão, intangibilidade da organização linguística, criação de conotações, desautomatização, plurissignificação. No texto literário, o modo de dizer é tão (ou mais) importante quanto o que se diz.

Como a aproximação do polo da *poiese*, pode levar a privilegiar a construção do conteúdo e da expressão, temos uma estética do conteúdo e uma estética da expressão. A primeira é aquela em que, embora a construção seja bastante relevante, há uma imitação forte da semiótica do mundo natural.

48

Na segunda, o componente mimético vai ficando cada vez mais esmaecido, até chegar a um trabalho que incide quase totalmente sobre a expressão. A estética barroca é uma estética dominantemente do conteúdo, enquanto a simbolista é uma estética da expressão (lembremo-nos, por exemplo, da afirmação célebre de Verlaine, *De la musique avant toute chose* (música antes de qualquer coisa), com que ele começa sua "arte poética" (1979)).

Analisemos um texto que representa cada uma dessas estéticas. Para observar a primeira, tomemos um poema de Gregório de Matos:

> Achando-se um braço perdido do Menino Jesus de N. S. das Maravilhas, que desacataram os infiéis na Sé da Bahia.
>
> O todo sem a parte não é todo,
> A parte sem o todo não é parte;
> Mas se a parte o faz todo, sendo parte,
> Não se diga que é parte, sendo o todo,
>
> Em todo o Sacramento está Deus todo,
> E todo assiste inteiro em qualquer parte,
> E feito em partes todo em qualquer parte,
> Em qualquer parte sempre fica todo.
>
> O braço de Jesus não seja parte,
> Pois que feito Jesus em partes todo,
> Assiste cada parte em sua parte.
>
> Não se sabendo parte deste todo,
> Um braço que lhe acharam sendo parte,
> Nos diz as partes todas deste todo.
> (Ramos, 1966: 35)

Esse soneto estrutura-se sobre uma antítese (*parte* vs. *todo*), que, ao longo do poema, desfaz-se, já que nele se afirma que a parte é o todo. Nesse poema, expõe-se uma interessante concepção medieval acerca das relações entre a parte e o todo, presente na doutrina católica sobre a Eucaristia. A parte não é fração de um conjunto, mas símbolo dele, ou ainda, mais precisamente, é equivalente ao todo, representa-o. Assim, quando se divide a hóstia, nela não está presente um pedaço do corpo de Cristo, mas está o corpo inteiro. O que se parte é apenas a expressão (a hóstia) de um conteúdo incomensurável e indivisível (o corpo de Cristo). O poema mostra que a antítese existe no nível da expressão, enquanto, no do conteúdo (corpo de Cristo), a parte contém o todo, é o todo.

Por outro lado, essa concepção da relação entre parte e todo, conduzia a outra interessante noção. Nessa época, não existia o conceito de individualidade. A pessoa, enquanto tal, não tinha nenhum valor pessoal, nem direitos individuais. O que lhe dava valor, direitos e privilégios era o grupo social a que pertencia. Quanto mais alto o valor do grupo, maior o da pessoa. Por outro lado, o homem representava todo o grupo a que pertencia. Se cometia um erro, se praticava um crime, maculava, desonrava toda a corporação. Note-se que o conteúdo é estruturado como uma antítese que se desfaz. Essa construção poética imita elementos tidos como presentes da semiótica do mundo natural, o que cria uma estética do conteúdo.

Já um poema como *A onda*, de Manuel Bandeira, leva quase ao extremo o que denominamos aqui estética da expressão.

> a onda anda
> aonde anda
> a onda?
> a onda ainda
> ainda onda
> ainda anda
> aonde?
> aonde?
> a onda a onda
> (1973: 286)

O plano de conteúdo desse poema não diz praticamente nada. Todo o sentido está concentrado no plano da expressão. O poema é constituído de uma alternância entre vogal oral e vogal nasal. Todas as nasais são tônicas e todas as orais são átonas. A vogal nasal é mais longa do que a oral, por causa da ressonância nasal. O poema é constituído basicamente com vogais, que, do ponto de vista acústico, são ondas periódicas. A única consoante que ocorre no texto é o *d*, que, por ser oclusiva, é momentânea e explosiva e, por ser sonora, contém certa periodicidade. A vogal oral é sempre o *a*, se excetuarmos o *i* final de "aonde". O *ã* é ligeiramente mais fechado do que o *a*. O ritmo de todos os versos, exceto daqueles terminados por um ponto de interrogação, é decorrente do seguinte esquema acentual: átona/ tônica/ átona/ tônica. Isso permite imaginar o movimento ritmo do poema: fraca/ forte/ fraca/ forte/ fraca, ou seja, baixo/ ascendente/ descendente/ ascendente/ descendente. Todos os versos terminam por uma sílaba átona, que contrasta com a sílaba tônica precedente, fazendo diminuir a intensidade da emissão sonora.

Todos esses elementos fônicos (ritmo, assonância, alternância de orais e nasais, etc.) recriam, no plano da expressão, o movimento ondulatório ininterrupto das ondas do mar. A presença da consoante oclusiva *d*, logo após a vogal nasal tônica, que indica o ápice alongado da onda, mostra que ela se quebra numa explosão. O contraste entre o *a*, a mais aberta das vogais, e as vogais nasais, mais fechadas, revela o contraste entre a contração das águas na crista das ondas e seu espraiamento na arrebentação.

É preciso ainda observar a entoação e o encadeamento dos versos. Os três versos que terminam por ponto de interrogação são dissílabos e têm a seguinte estrutura: sílaba átona, sílaba tônica, (sílaba átona). Como a entoação interrogativa é ascendente, o verso termina numa elevação da voz, enfraquecida ligeiramente pela sílaba átona final.

O segundo e o terceiro versos encadeiam-se por um *enjambement*. Tudo isso recria, na expressão, o movimento descontínuo das ondas, que têm dimensões diferentes. Além disso, as interrogações indicam a suspensão das águas no alto, antes da arrebentação.

Quando o texto se aproxima do polo poético, terá, nos termos de Jakobson, uma função subdominante. A partir dessa diferenciação, distintas poéticas podem ser estabelecidas. Uma poética da referencialidade constrói-se, quando o texto recria o referente em seu interior. Embora em muitos períodos literários se tenha praticado uma poética da referencialidade, o parnasianismo é o movimento que mais desloca a tônica poética dos sentimentos vagos dos românticos para a visão do real.

> Desta última, mal entendida, passou-se em pouco tempo ao fetichismo do objeto, à reificação, de que fala a crítica dialética ao analisar o espírito da sociedade burguesa nos seus aspectos autofruidores. O parnasianismo típico acabará deleitando-se na nomeação de alfaias, vasos e leques chineses, flautas gregas, taças de coral, ídolos de gesso em túmulos de mármore... e exaurindo-se na sensação de um detalhe ou na memória de um fragmento narrativo (Bosi, 1975, p. 248).

Vaso chinês

Estranho mimo aquele vaso! Vi-o,
Casualmente, uma vez, de um perfumado
Contador sobre o mármor luzidio,
Entre um leque e o começo de um bordado.

Fino artista chinês, enamorado,
Nele pusera o coração doentio
Em rubras flores de um sutil lavrado,
Na tinta ardente de um calor sombrio.

Mas talvez por contraste à desventura,
Quem o sabe?... de um velho mandarim
Também lá estava a singular figura;

Que arte em pintá-la! a gente acaso vendo-a
Sentia um não sei quê com aquele chim
De olhos cortados à feição de amêndoa.
(Alberto de Oliveira. In: Bosi, 1975: 248)

Estabelece-se uma poética da emotividade, quando o texto se funda na subjetividade do enunciador. A chamada segunda geração romântica desenvolveu toda uma poética da emotividade, centrada no amor e na morte, na dúvida e no tédio.

Minh'alma é triste como a voz do sino
Carpindo o morto sobre a laje fria:
É doce e grave qual no templo um hino,
Ou como a prece ao desmaiar do dia.
(Casimiro de Abreu. In: Bandeira, 1967: 251)

Cria-se uma poética da conatividade, quando o texto conclama o destinatário à ação, quando se volta para ele. Castro Alves, em seus poemas abolicionistas, é um exemplo de uma poética da conatividade.

Deus! ó Deus! onde estás que não respondes?
Em que mundo, em qu'estrela tu t'escondes
Embuçado nos céus?
Há dois mil anos te mandei meu grito
Que embalde desde então corre o infinito...
Onde estás, Senhor Deus?...
(Castro Alves. In: Bandeira, 1967: 348)

Produz-se uma poética metalinguística quando um texto imita outro ou quando se imita um estilo, seja para captar a mesma direção de sentido, seja para subvertê-la.

Kipling revisitado

se etc.

se etc.

se etc.

se etc.

se etc.

se etc.

se etc.

serás um teorema

meu filho

(José Paulo Paes, 1986: 97)

Para que esse texto ganhe sentido, precisamos conhecer o poema *Se...*, do poeta inglês Kipling. Nele, cada verso começa com *se* (por exemplo, Se sonhas, mas não és por sonhos dominado;/ se pensas, mas não fazes do pensamento teu alvo...). O poema termina da seguinte forma: "se, de cada minuto, enches cada segundo/ com um passo para frente em luminoso trilho,/ então eu te direi que dominas o Mundo/ e direi muito mais: que és um homem, meu filho!". Sabemos que o texto de José Paulo Paes se constrói com base no poema de Kipling pelo título, pelo fato de os sete primeiros versos serem formados de um *se* seguido de *etc.* e pela construção dos dois últimos versos. O poema de José Paulo Paes tem um claro sentido paródico, o que ele quer dizer é que, se alguém pautar sua vida pelo que Kipling considera valores, será não um homem, mas um teorema, ou seja, uma demonstração da visão de mundo de Kipling.

Há ainda uma poética da faticidade, a dos hinos, cujo conteúdo tem pouco importância. É mais significativo o sentimento de pertença que eles provocam. São exemplos dessa poética desde *A internacional* até os hinos nacionais e os de clubes de futebol.

Finalmente, pode-se estabelecer também uma poética da poeticidade, quando se eleva ao máximo o trabalho com a expressão. Foi isso que fez o simbolismo.

Vozes veladas, veludosas vozes,
Volúpias dos violões, vozes veladas,
Vagam nos velhos vórtices velozes
Dos ventos, vivas, vãs, vulcanizadas.
(Cruz e Sousa, 1965: 97)

Mobilizando todas as funções e dimensões da linguagem, como mostramos antes, o artefato artístico cria outro mundo, convida a penetrar a esfera de uma realidade outra, pela fratura da realidade cotidiana. Essa outra realidade leva-nos a uma vida mais intensa, mobilizando desejos múltiplos, criando novas percepções, produzindo experiências diversas. Nela, tudo é permitido, pois abole os limites da realidade cotidiana. Essa é a fratura que a literatura provoca, carregando

> [...] todos nós para a escorregadia fronteira da construção dos significados mais dolorosos e felizes, angustiados e límpidos da existência humana. Restituídos a nós mesmos, aos voos que podemos empreender, às conquistas que ainda temos a realizar, descobrimos nas páginas da literatura o "relâmpago passageiro" que atravessa o discurso da obviedade para transformá-lo na imperfeição que nos projeta da insignificância do cotidiano na direção do sentido (Lúcia Teixeira, 1997: 1).

A grande função da arte não é dizer o que sempre existiu, mas iluminar a possibilidade de outras existências, sugerir que outras ordens da realidade são possíveis. Por isso, a arte tem sempre um caráter subversivo, mostra-nos que a ordem vigente não é única, não é absoluta, mas é uma entre outras.

> O inusitado, o inesperado, o surpreendente: eis as matérias da literatura. Porque a literatura é um modo de ser da palavra, o modo de desarrumação, o modo desajeitado de fraturar discursivamente a ordem (Lúcia Teixeira, 1997: 4).

Importa refletir agora quais são as possibilidades de novas ordens que a literatura oferece. Dispomos de dois grandes sistemas de significação, ou seja, duas macrossemióticas: a do mundo natural e a das línguas naturais (Greimas e Courtés, 1979: 219). Essas macrossemióticas não são sistemas de significação como os outros, mas são grandes reservatórios de signos, são lugares que manifestam os outros sistemas de significação, como a literatura, a pintura e o cinema (Greimas e Courtés, 1979: 219).

Qual é o estatuto desses sistemas de significação? O mundo natural – seria melhor dizer mundos naturais, pois o plural relativiza o conceito, deixando claro que essa macrossemiótica é gerada pela cultura – é o modo como o universo se apresenta ao homem como um conjunto de qualidades sensíveis, dotadas de uma certa organização. Esse conceito leva-nos a pensar não aquilo que é físico, químico ou biológico no mundo, mas aquilo que é significante. O mundo natural é um discurso construído pelo homem e passível de ser lido por ele.[3] Ao mesmo tempo, o mundo natural – conceito paralelo ao de língua natural – é anterior a cada indivíduo, que, quando nasce, inscreve-se num mundo significante feito, simultaneamente, de natureza e de cultura.[4] O mundo natural é uma visão de mundo, sendo, por conseguinte, o lugar da elaboração das culturas e das ideologias (Greimas e Courtés, 1979: 233-234).[5]

Sendo a literatura feita em língua natural, não sendo caracterizada por um conteúdo próprio, porque seu conteúdo é coextensivo ao mundo ou aos mundos naturais, sendo uma linguagem figurativa, que cria simulacros do mundo natural, sendo as formas literárias um repertório de possibilidades discursivas e textuais, sugere ela a possibilidade de novas ordens no que diz respeito aos dois grandes sistemas de significação: mostra a possibilidade de novos mundos naturais, de outras realidades, de diferentes visões de mundo e, ao mesmo tempo, indica que são possíveis novas ordens linguísticas e discursivas, diversas da realidade automatizada e rotineira do discurso comum. Essas duas possibilidades imbricam-se na materialidade da linguagem figurativa.[6] Ao apresentar outras realidades e levar os homens a vivê-las, os objetos artísticos têm uma função catártica inerente. Essa vivência de uma nova ordem durante a temporalidade da fruição artística não é algo alienante, mas, ao contrário, altamente revolucionário, porque indica ao homem que a alteração do que é estabelecido pode ser feita.

NOTAS

[1] O termo vem do grego *kátharsis*, que significa: 1. sentido médico: purgação, regras menstruais; 2. sentido moral: alívio da alma pela satisfação de uma necessidade moral; 3. sentido religioso: cerimônias de purificação a que eram submetidos os candidatos à iniciação.

[2] Cabe lembrar que os críticos literários que tomavam a obra de arte para relacioná-la imediatamente com este ou aquele aspecto da realidade, desconsiderando a realidade de sua construção, também só levavam em conta a substância do conteúdo.

[3] É importante notar que o mundo natural sempre constituiu, sob os conceitos de referente, contexto extralinguístico, etc., um problema para a teoria linguística. Aqui ele é tomado como um discurso.

[4] Natureza é um conceito e, portanto, algo da ordem da cultura.

[5] As relações entre esses grandes universos de significação têm sido estudadas por diferentes teorias linguísticas: por exemplo, com a chamada hipótese Sapir-Whorf.

[6] As outras artes também têm a função de subverter a realidade do mundo natural e a realidade de sua linguagem. Seria preciso ver, para cada uma delas, o que é que funciona como articulação discursiva e textual.

BIBLIOGRAFIA

Aristóteles (1968). *Poética*. Porto Alegre: Globo.

Bandeira, Manuel (1973). *Estrela da vida inteira*. 4. ed. Rio de Janeiro: José Olympio.

_____ (1967). *Antologia dos poetas brasileiros. Poesia da fase romântica*. Rio de Janeiro: Ediouro, 1967.

Bosi, Alfredo (1975). *História concisa da literatura brasileira*. São Paulo: Cultrix.

Candido, Antonio (1975). *Literatura e sociedade:* estudos de teoria e história literária. 4. ed. São Paulo: Editora Nacional.

CORTÁZAR, Julio (1972). *Final do jogo*. 2. ed. Rio de Janeiro: Expressão e Cultura.

CRUZ E SOUSA, João da (1965). *Poesias completas*. Rio de Janeiro: Ediouro.

FERNANDES, José Genésio (2000). *Leitoras de Sabrina:* usuárias ou consumidoras? Um estudo da prática leitora dos romances sentimentais de massa. Tese de Doutoramento. São Paulo: FFLCH/USP.

GREIMAS, A. J. (1987). *De l'imperfection*. Périgueux: Pierre Fanlac.

_____ e COURTÉS, J. (1979). *Sémiotique. Dictionnaire raisonné de la théorie du langage.* Paris: Hachette.

GUIMARÃES, Bernardo (1967). *O seminarista*. Rio de Janeiro: Ediouro.

MACHADO DE ASSIS (1979). *Obra completa*. Rio de Janeiro: Nova Aguilar, v. I.

MELO NETO, João Cabral de (1994). *Obra completa*. Rio de Janeiro: Nova Aguilar.

PAES, José Paulo (1986). *Um por todos*. São Paulo: Brasiliense.

RAMOS, Péricles Eugênio da Silva (org.). (1966). *Poesia barroca*. São Paulo: Melhoramentos.

TEIXEIRA, Lúcia (1997). *Basta que a chamemos literatura*. Niterói, mimeog.

VALÉRY, Paul (1991). "Poesia e pensamento abstrato". In: *Variedades*. São Paulo: Iluminuras, p. 201-218.

VERÍSSIMO, Érico (1995). *O tempo e o vento. O retrato I.* 22. ed. São Paulo: Globo.

VERLAINE, Paul (1979). *Jadis et naguère*. Paris: Gallimard.

VIEIRA, António (1959). *Sermões*. Porto: Lello, v. XIV.

TRÊS QUESTÕES SOBRE A RELAÇÃO ENTRE EXPRESSÃO E CONTEÚDO

Não é com ideias que se fazem versos, é com palavras.
Mallarmé

O poema é esta hesitação prolongada entre o som e o sentido.
Valéry

A Semiótica concebe a geração do sentido como um percurso que vai do mais simples e abstrato ao mais complexo e concreto. No entanto, o conteúdo só pode manifestar-se por meio de um plano de expressão. No momento em que, no simulacro metodológico, temos a junção do plano de conteúdo com um plano de expressão, ocorre a textualização. O texto é, assim, uma unidade que se dirige para a manifestação. Aí, então, sofre a coerção do material que o veicula. Por exemplo, dado que o significante da linguagem verbal é linear, o conteúdo manifesto verbalmente será submetido à linearização.

Do ponto de vista da relação entre conteúdo e expressão, há dois tipos de texto, aqueles que têm função utilitária (informar, convencer, explicar, documentar, etc.) e os que têm função estética. Se alguém ouve ou lê um texto com função utilitária, não se importa com o plano de expressão. Ao contrário, atravessa-o e vai diretamente ao conteúdo, para entender a informação. No texto com função estética, a expressão ganha relevância, pois o escritor procura não apenas dizer o mundo, mas recriá-lo nas palavras, de tal sorte que importa não apenas o que se diz, mas o modo como se diz. Como o poeta recria o conteúdo na expressão, a articulação entre os dois planos contribui para a significação global do texto. A compreensão de um texto com função estética exige que se entenda não somente o conteúdo, mas também o significado dos elementos da expressão.

Para explicar essa relação, a Semiótica acolheu, a partir da distinção hjelmsleviana entre semióticas monoplanas e biplanas, a diferença entre sistemas simbólicos e sistemas semióticos. Há, nos sistemas simbólicos, uma correspondência termo a termo entre o plano da expressão e o plano do conteúdo, o que significa que existe uma conformidade total entre esses dois planos. Assim, por exemplo, a cruz gamada é o símbolo do nazismo. Este é seu conteúdo. A expressão e o conteúdo contraem sempre a mesma relação. Da mesma forma, a foice o martelo são o símbolo do comunismo. A foice simboliza sempre o campesinato; o martelo, o proletariado e o cruzamento dos dois, a união dessas duas classes. Já nos sistemas semióticos não há uma conformidade entre o plano da expressão e o do conteúdo. Com efeito, o conteúdo deixa-se analisar em semas (por exemplo, *touro* analisa-se em /bovino/, /macho/, /reprodutor/) e a mesma coisa ocorre com o plano da expressão, que se decompõe em femas. Não há, entretanto, correspondência entre as unidades menores da expressão e as do conteúdo, nem entre as unidades maiores do sistema (Hjelmslev, 1975: 116-119).

A partir daí, a Semiótica cria o conceito de sistemas semissimbólicos, que são aqueles em que a conformidade entre os planos da expressão e do conteúdo não se estabelece a partir de unidades, como nos sistemas simbólicos, mas pela correlação entre categorias (oposição que se fundamenta numa identidade) dos dois planos. Assim, na gestualidade, a categoria da expressão /verticalidade/ vs. /horizontalidade/ correlaciona-se à categoria do conteúdo /afirmação/ vs. /negação/. Os sistemas semissimbólicos constituem a base dos textos poéticos (Greimas, 1979: 343).

A primeira questão a precisar é que as categorias de conteúdo que se correlacionam às da expressão podem estar em todos os níveis do percurso gerativo de sentido. Só assim se podem explicar os efeitos de sentido gerados pelas aliterações, pelo ritmo, pelas rimas, etc. Observemos um exemplo. Nos versos de Tibulo que seguem, nota-se uma oposição entre a concentração de oclusivas no segundo verso e sua pequena proporção no primeiro. Essa oposição da expressão está correlacionada a uma contraditoriedade do conteúdo: ausência do tropel dos netos diante dos avós vs. presença do barulho que fazem. Essa oposição de conteúdo é figurativa, estando, portanto, colocada no nível discursivo do percurso gerativo de sentido.

> Hic ueniat Natalis auis prolemque ministret,
> ludat et ante tuos turba nouella pedes (ii, 2, 21-22).

> Que venha o Gênio e aos avós conceda netos,
> e a jovem turba brinque diante de ti.

Assim, sistema semissimbólico é o que estabelece correlações entre categorias da expressão e categorias do conteúdo situadas em todos os níveis do percurso gerativo de sentido. Mostremos isso em textos.

O sino bate,
O condutor apita o apito,
solta o trem de ferro um grito,
põe-se logo a caminhar...

— Vou danado pra Catende,
vou danado pra Catende,
vou danado pra Catende
com vontade de chegar...

Mergulham mocambos
nos mangues molhados,
moleques, mulatos,
vêm vê-los passar...
(Ferreira, 1939: 65)

O poema está estruturado em três grupos de quatro versos. No primeiro grupo, o primeiro verso tem acento na 2ª e na 4ª sílabas; o segundo, na 4ª, na 6ª e na 8ª;o terceiro, na 1ª, na 3ª e na 5ª;o quarto, na 1ª, na 3ª e na 7ª. O segundo grupo é constituído de redondilhas maiores, com acento na 3ª e na 7ª sílabas. O terceiro é composto de redondilhas menores, com acento na 2ª e na 5ª sílabas. O primeiro grupo de versos não tem os acentos distribuídos de maneira uniforme. O segundo e o terceiro sim. Esse arranjo dos acentos, auxiliado pelo fato de os versos terem o mesmo número de sílabas, cria um ritmo.

A ausência de ritmo do primeiro grupo de versos indica as ações não ritmadas que se executam na partida do trem. O ritmo do segundo grupo e o verso de sete sílabas mostram o movimento cadenciado, mas não excessivamente rápido, do trem. Os acentos regulares e o metro menor (cinco sílabas) dos versos do terceiro grupo produzem um ritmo rápido, homólogo ao das coisas que passam pela janela do trem. Trata-se da homologação de uma categoria da expressão /presença do ritmo/ vs. /ausência de ritmo/ a uma categoria figurativa do conteúdo /partida do trem/ vs. /viagem/ e da categoria /ritmo rápido/ vs. /ritmo menos rápido/ à categoria figurativa que indica o movimento do trem.

Observe-se o poema a seguir:

Debussy

Para cá, para lá...
Para cá, para lá...

Um novelozinho de linha...
Para cá, para lá...
Para cá, para lá...
Oscila no ar pela mão de uma criança
(Vem e vai...)
Que delicadamente e quase a adormecer o balança
– Psiu... –
Para cá, para lá
Para cá e...
– O novelozinho caiu.
(Bandeira, 1973: 64)

O poeta vai acompanhando o movimento pendular de alguma coisa. Os versos, como um metrônomo, têm um ritmo que acompanha o movimento: *para cá, para lá*.

Esse ritmo é interrompido e explica-se o que estava oscilando: um novelozinho de linha. Deve-se notar, no entanto, que, depois de anunciar o objeto, as reticências interrompem a comunicação. É como se o poeta estivesse a contemplar a criança que estava para adormecer e parasse o que ia dizer para contemplar novamente o novelozinho na mão da criança: *para cá, para lá...*

Ele diz que o novelozinho *oscila no ar pela mão de uma criança/* [...] *que delicadamente e quase a adormecer o balança*. Entre os dois versos da fala do poeta, há um verso, que aparece entre parênteses, a indicar que, enquanto o poeta fala, o movimento do novelo continua. Ele mostra que seu vaivém prossegue sempre igual: primeiro para cá (vem) e depois para lá (vai). As reticências revelam que o movimento é contínuo.

Depois de ter-nos informado que esse *para cá, para lá* (contínuo como mostram as reticências) é o movimento de um novelozinho de linha que oscila no ar pela mão de uma criança que delicadamente e quase a adormecer o balança, o poeta impede nossa manifestação com um *psiu*, para não acordarmos a criança quase adormecida.

O ritmo do verso continua a recriar o ritmo do balanço. A interrupção do verso seguinte, que mostra o movimento apenas numa direção, significa que a criança dormiu e, portanto, derrubou o novelo. O último verso reitera esse significado para nós.

Temos aqui a homologação de uma categoria da expressão /rítmico/ vs. /arrítmico/ a uma categoria figurativa /balanço/ vs. /não balanço/. No entanto, temos também, quando se observa a interrupção rítmica do penúltimo verso em contraste com os outros versos que indicam o balanço, uma homologação a uma categoria narrativa: /disjunção com o sono/ vs. /conjunção com o sono/.

O título do poema é o nome do compositor francês Debussy, cuja obra *Children's corner*, coletânea de peças infantis dedicada à filha, possui uma peça intitulada "A menina dos cabelos de linho", composta de movimentos ascendentes (*vem*) e descendentes (*vai*) e terminada com uma cadência harmônica com movimento melódico descendente (*caiu*).

Tomemos ainda mais um exemplo:

Poema tirado de uma notícia de jornal

João Gostoso era carregador de feira livre e morava no
    [morro da Babilônia num barracão sem número.
Uma noite ele chegou no bar Vinte de Novembro
Bebeu
Cantou
Dançou
Depois se atirou na Lagoa Rodrigo de Freitas e morreu afogado.
(Bandeira, 1983: 214)

O nome da personagem é bastante comum, indicando tratar-se de um homem qualquer do povo, um joão-ninguém. Seu sobrenome tem uma conotação sexual, o que aponta para o universo da malandragem carioca. Seu trabalho diz respeito à utilização da força física. Além disso, como é um subemprego, ajuda a reforçar a ideia de que se trata de um qualquer. O local de moradia é uma favela e seu barracão não tem nem mesmo número, o que mostra alguém totalmente à margem da assistência do poder público, da organização administrativa. A favela chama-se Babilônia, o que evoca o substantivo comum *babilônia*, que sugere o caos, a confusão, a indeterminação. A caracterização da personagem mostra um ser indiferenciado da massa humilde que povoa as grandes cidades brasileiras, um ser anônimo. No plano da expressão, essa caracterização é feita por meio de um único verso: enorme, que não cabe numa linha e, por isso, difuso, indiferenciado como um João Gostoso. Os indicadores de espaço aparecem como um todo indistinto (não há nome de rua, nem número da casa).

O segundo verso é bem menor do que o primeiro, mas ainda longo. O adjunto adverbial *uma noite* é uma fórmula introdutória de narrativa como *era uma vez*. Marca o início da narração, depois da descrição caracterizadora do primeiro verso. O bar é bem caracterizado, é o Vinte de Novembro. Não se trata do espaço indiferenciado do barracão sem número. O artigo definido que precede o termo *bar* se contrapõe ao indefinido que antecede a palavra *barracão*. João Gostoso sai do espaço indiferenciado e entra num espaço diferenciado: espaço de prazer, homólogo a seu sobrenome.

Aparece em seguida uma sequência de três versos que se distinguem dos dois primeiros e do último. São versos bem curtos, pois têm duas sílabas. São constituídos por formas de 3ª pessoa do singular do pretérito perfeito do indicativo e, portanto, são oxítonas. Têm um ritmo rápido próprio para indicar o instante de gozo e felicidade de João. Constituem uma gradação, a indicar a intensidade desse instante de alegria. A ordem alfabética das palavras (*b*, *c*, *d*) reitera a intensificação progressiva do conteúdo na expressão. Esse bloco de três versos é visualmente vertical em oposição à horizontalidade dos outros versos. Essa aparência mostra já o descer do morro (o alto) à Lagoa (o baixo).

A Lagoa Rodrigo de Freitas é um lugar de riqueza, em que as pessoas são distintas umas das outras. João Gostoso desce do meio indiferenciado e entra no meio social diferenciado. Ao mesmo tempo, dissolve-se no líquido da lagoa e, portanto, na natureza. A horizontalidade do verso sugere isso. Depois da indiferenciação social do início, temos, na morte, o instante de consagração de João Gostoso, que foi parar nas páginas do jornal. Para os joões-ninguém, a vida, do ponto de vista social, está relacionada ao anonimato, à indiferenciação, enquanto a morte está ligada à consagração. Do ponto de vista natural, no entanto, a vida é a distinção e a morte, a dissolução na natureza.

O poema, na expressão e no conteúdo, mostra essa contradição inerente à vida de tantos brasileiros: só se diferenciam na dissolução, na indiferenciação da morte. O poeta, com um texto construído como uma narração em terceira pessoa, põe a nu essa tragédia brasileira.

Há no poema várias homologações entre categorias da expressão e do conteúdo: a categoria /rítmico/ vs. /arrítmico/ correlaciona-se à oposição aspectual /pontualidade/ vs. /duratividade/ e à oposição narrativa /trabalho / vs. /gozo/; a oposição /horizontalidade/ vs. / verticalidade/ está homologada à oposição narrativa /descer/ vs. /permanecer/; a oposição /verso mais longo/ vs. / verso menos longo/, à oposição temática /indiferenciação/ vs. /diferenciação/.

Uma segunda questão a ser considerada são os modos de presença no texto das categorias homologáveis. Em geral, pensa-se que as categorias precisam estar efetivamente manifestadas com seus dois termos em oposição. No entanto, é preciso levar em conta o fenômeno da catálise, para estabelecer os modos de presença dos termos da categoria. A catálise é explicitação de elementos elípticos da estrutura de superfície, graças às relações de pressuposição (Greimas e Courtés, 1979: 33). Assim, numa categoria da expressão e do conteúdo, construída com base numa semelhança e numa diferença, a manifestação do termo *a* pressupõe o termo *b* e vice-versa. Há, portanto, duas maneiras de manifestação das relações semissimbólicas: presença vs. presença dos elementos correlacionados ou presença vs. ausência dos elementos correlacionados. Na análise de uma categoria do plano da expressão e de sua correlação com uma categoria do plano do conteúdo, não é preciso que os dois termos estejam manifestados, porque a manifestação de um pressupõe a presença do outro.

Para exemplificar o primeiro desses modos de manifestação, tomemos o poema "Saudade dada", de Fernando Pessoa:

Em horas inda louras, lindas
Clorindas e Belindas, brandas,
Brincam no tempo das berlindas,
As vindas vendo das varandas
De onde ouvem vir e rir as vindas
Fitam a fio as frias bandas

Mas em torno à tarde que se entorna
A atordoar o ar que arde
Que a eterna tarde já não torna!
Em tom de atoarda todo o alarde
Do adornado ardor transtorna
No ar de torpor da tarda tarde
(1969: 134).

Nesses versos, temos uma aliteração de consoantes oclusivas (/d/, /b/, /t/, /p/) e de consoantes constritivas (/v/, /f/) e laterais (/l/). Trata-se de uma oposição criada pela presença de pontualidade (oclusivas) vs. presença da duratividade (constritivas e laterais), que se correlacionam com a excitação ruidosa e o perpétuo movimento.

Para exemplificar o segundo dos modos de manifestação semissimbólica, vejamos um trecho do poema "A valsa", de Casimiro de Abreu:

Tu, ontem,
Na dança
Que cansa,
Voavas
Coas faces
Em rosas
Formosas
De vivo
Lascivo
Carmim;
Na valsa,
Corrias,
Fugias,
Ardente,

Contente,
Tranquila,
Serena,
Sem pena
De mim!
(Casimiro de Abreu, 1974: 49-50)

O longo poema é feito com versos dissílabos, com acento na segunda sílaba, o que cria o ritmo rápido da valsa. Não temos o contraste entre dois ritmos, mas entre a presença do ritmo e sua ausência pressuposta.

A terceira questão diz respeito à utilização das formas fixas em poesia, como, por exemplo, o soneto. A Semiótica estabeleceu alguns princípios para o estudo do discurso poético: "a) não é coextensivo ao conceito de literatura; b) em princípio, é indiferente à linguagem em que é produzido" (Greimas, 1975: 12). A especificidade da semiótica poética caracteriza-se pela correlação entre expressão e conteúdo, ou seja, que o discurso poético é um discurso duplo, pois projeta suas articulações simultaneamente no plano da expressão e no do conteúdo (Greimas, 1975: 12). Se o plano da expressão deve articular-se ao do conteúdo, este, por sua vez, caracteriza-se pela densidade (Greimas, 1975: 23). Assim, o conteúdo poético deve possibilitar várias leituras.

Esses postulados não permitem confundir versificação com poesia. Na "Gramática latina em verso", de Castilho, há métrica, mas não há poesia, pois falta, de um lado, densidade de conteúdo; de outro, correlação entre os dois planos:

Onde houver superlativo,
Numeral ou partitivo,
Vereis logo um genitivo;
Ou de, e, ex e ablativo,
Ou inter ou ante, claro,
Com plural no acusativo.
Outras vezes, e não raro,
Dispensando o acusativo,
O que neles pôr-se havia
Vai co'o tal superlativo,
Numeral ou partitivo,
Ter concórdia ou parceria
(1941: 47).

No entanto, poder-se-ia dizer que a forma fixa é mera versificação e nada teria a ver com o discurso poético. Talvez em muitos casos, mas não nos grandes poetas. As formas fixas constituem uma maneira codificada de segmentar o discurso poético em unidades. Geninasca sugere que ela funciona como um diagrama (Greimas, 1975: 56-57), o que significa que, no plano de expressão da poesia, há categorias topológicas que se relacionam com as categorias do conteúdo. Essa sugestão permaneceu esquecida e é preciso resgatá-la, para verificar que a distribuição do conteúdo é homóloga a sua estruturação.

Um soneto tem quatorze versos, distribuídos em dois quartetos e dois tercetos. Poderíamos, então, dizer que temos nele três níveis hierárquicos: o do soneto em sua totalidade; o dos quartetos em oposição aos tercetos; cada uma das estrofes entre si. Dentro do soneto, poder-se-iam estabelecer todos os tipos de relações de um quarteto com outro; de um terceto com outro; dos quartetos com os tercetos; do primeiro quarteto com o primeiro terceto; do primeiro quarteto com o segundo terceto, etc. (Geninasca. In: Greimas, 1975: 56-68). Por outro lado, poder-se-iam estabelecer relações entre os versos de diferentes maneiras. O que não ocorrerá nunca num grande soneto é a falta de correlação diagramática. Tomemos um exemplo de um soneto de Camões.

> Amor é fogo que arde sem se ver,
> é ferida que dói e não se sente;
> é um contentamento descontente,
> é dor que desatina sem doer.
>
> É um não querer mais que bem querer;
> é um andar solitário entre a gente;
> é nunca contentar-se de contente;
> é um cuidar que ganha em se perder.
>
> É um querer estar preso por vontade;
> é servir a quem vence, o vencedor;
> é ter com quem nos mata, lealdade.
>
> Mas como causar pode seu favor,
> nos corações humanos amizade,
> se tão contrário a si é o mesmo Amor?
> (1988: 270)

Nesse poema, há uma primeira oposição topológica entre os dois quartetos e o primeiro terceto vs. o segundo terceto. No primeiro bloco, o poeta tenta definir o amor. Cada verso é uma dessas tentativas, feita com uma afirmação. Entretanto, cada ensaio de definição deve ser abandonado, pois contém uma contradição e, como se sabe, o discurso científico, a quem cabem as definições das coisas do mundo, não admite o oxímoro. O segundo bloco, contrariamente às afirmações do primeiro, é uma interrogação. Sendo incapaz de definir o amor, por esbarrar sempre na contradição, o poeta manifesta sua perplexidade diante da universalidade do amor, apesar de sua contraditoriedade.

Observando-se o primeiro bloco, nota-se uma outra oposição topológica. Opõe-se o primeiro quarteto, em que o poeta se vale de substantivos para definir o amor, ao segundo quarteto e primeiro terceto, em que ele se utiliza de verbos, substantivados ou não, para essa tarefa.

No primeiro quarteto, opõem-se os dois primeiros versos, em que se utilizam substantivos concretos, aos dois últimos, em que se usam substantivos abstratos. Essa oposição é indicada pela rima: ab vs. ab.

No segundo quarteto, a oposição é entre frase negativa e frase positiva, indicada pela rima aa vs. bb.

Nos dois tercetos, há uma oposição entre versos terminados por substantivos abstratos, que indicam estado (-dade), e aqueles que não terminam dessa forma. Essa oposição também é indicada pelo esquema rímico: ababab.

Finalmente, há uma oposição entre o primeiro e o último versos, pois o primeiro começa com *amor é* e o último termina com *é o mesmo Amor*. É como se o poeta, incapaz de definir o amor, concluísse que o amor é o mesmo amor, ou seja, que esse sentimento não é alguma coisa que possa ser entendida, mas apenas alguma coisa que pode ser vivida.

Tomemos ainda outro exemplo, o soneto "As pombas", de Raimundo Correia:

> Vai-se a primeira pomba despertada...
> Vai-se outra mais... mais outra... enfim dezenas
> De pombas vão-se dos pombais, apenas
> Raia sanguínea e fresca, a madrugada...
>
> E à tarde quando a rígida nortada
> Sopra, aos pombais de novo, elas, serenas,
> Ruflando as asas, sacudindo as penas,
> Voltam todas em bando e em revoada....
>
> Também dos corações onde abotoam
> Os sonhos, um por um, céleres voam,
> Como voam as pombas dos pombais;
>
> No azul da adolescência as asas soltam,
> Fogem... Mas aos pombais as pombas voltam,
> E eles aos corações não voltam mais...
> (In: Barbosa, 1997: 145)

No poema, comparam-se as pombas aos sonhos dos seres humanos, mostrando que, se ambos abandonam os "ninhos", quando raia a manhã, as pombas voltam a eles à noite, enquanto os sonhos dos humanos não voltam mais.

A primeira oposição topológica é entre os quartetos e os tercetos. O primeiro bloco fala das pombas e o segundo, dos homens. No primeiro bloco, há uma contraposição entre o primeiro quarteto, que mostra o ir, e o segundo, que fala do voltar. No segundo bloco, há uma oposição entre o primeiro terceto e o segundo: aquele mostra a semelhança dos sonhos dos seres humanos com as pombas e este, as diferenças. O esquema rímico dos tercetos, aabccb, mostra que os dois versos que rimam em b indicam a diferença entre as pombas e os sonhos humanos.

Como se observa, a utilização de categorias topológicas correlacionadas a categorias de conteúdo não é invenção de certas vanguardas, mas é algo inerente à poesia.

O estudo dos sistemas semissimbólicos estabelece as relações entre o sensível e o inteligível, pois, ao examinar as correlações entre categorias da expressão e do conteúdo, está desvelando "os mecanismos reveladores da transfiguração das sensações em manifestações sígnicas" (Teixeira, 1998: 3). O estudo do semissimbolismo tem um alcance teórico e um, analítico. De um lado, permite discutir, com profundidade, o papel da percepção sensorial na produção do sentido; de outro, possibilita o exame acurado das relações entre expressão e conteúdo (Teixeira, 1998: 5-6), o que permite compreender melhor os textos poéticos (não só das poéticas verbais, mas também das poéticas visuais), que se caracterizam pela presença do semissimbolismo; as semióticas sincréticas; o processo tradutório, seja a tradução intrassemiótica dos textos poéticos, seja a tradução intersemiótica. Em todos esses casos, é preciso não perder de vista a importância das correlações entre conteúdo e expressão.

BIBLIOGRAFIA

Abreu, Casimiro de (1974). *Poesia*. 4. ed. Rio de Janeiro: Agir.

Bandeira, Manuel (1973). *Estrela da vida inteira*. 4. ed. Rio de Janeiro: José Olympio.

_____. (1983). *Poesia completa e prosa*. Rio de Janeiro: Nova Aguilar.

Barbosa, Frederico (1997). *Clássicos da poesia brasileira*. São Paulo: Klick.

Camões, Luís de (1988). *Obra completa*. Rio de Janeiro: Nova Aguilar.

Castilho, António Feliciano de (1941). *Gramática latina em verso*. Lisboa: Académica de D. Felipa.

Ferreira, Ascenso (1939). *Cana caiana*. Rio de Janeiro: José Olympio.

Greimas, Algirdas Julien (org.) (1975). *Ensaios de semiótica poética*. São Paulo: Cultrix.

_____ e Courtés, Joseph (1979). *Sémiotique. Dictionnaire raisonné de la théorie du langage*. Paris: Hachette.

Hjelmslev, Louis (1975). *Prolegômenos a uma teoria da linguagem*. São Paulo: Perspectiva.

Pessoa, Fernando (1969). *Obra poética*. Rio de Janeiro: Nova Aguilar.

Teixeira, Lúcia (1988). *Um rinoceronte, uma cidade:* relações de produção de sentido entre o verbal e o não verbal. Niterói, mimeo.

PARTE II

TRATAMENTO DISCURSIVO
DE QUESTÕES DE LINGUAGEM

METÁFORA E METONÍMIA: DOIS PROCESSOS DE CONSTRUÇÃO DO DISCURSO

Na retórica clássica, a metáfora e a metonímia eram consideradas figuras de palavras. Eram entendidas como duas maneiras de criar novos sentidos. A metáfora era definida como o emprego de uma palavra concreta para exprimir uma noção abstrata, na ausência de qualquer elemento que introduz formalmente uma comparação. A metonímia designa o fenômeno linguístico pelo qual uma noção é nomeada por um termo diferente do termo próprio (Lausberg, 1991: 52, 57-76; Molinié, 1992: 213-216, 217-218).

Hjelmslev, ao procurar definir rigorosamente o signo, diz que ele é a união de um plano da expressão a um plano do conteúdo: ERC. Essa relação que une os dois planos é uma solidariedade, a função semiótica (1968: 71-85). Ao buscar precisar o que é a conotação, mostra que a denotação é a união de uma expressão com um conteúdo, enquanto a conotação é o signo cujo plano de expressão é um signo. Assim, temos um signo denotado ERC, ao qual se acrescenta um novo plano de conteúdo (ERC) R C (1968: 155-167). Para criar um signo conotado, é preciso que haja uma relação entre o significado que se acrescenta e o significado já presente no signo denotado.

A metáfora é o acréscimo de um significado a outro, quando entre eles existe uma relação de semelhança, de intersecção. Essa relação indica que há traços comuns entre os dois significados. A metonímia é o acréscimo de um significado a outro, quando entre eles há uma relação de contiguidade, de coexistência, de interdependência. A definição hjelmsleviana do signo não leva em conta sua dimensão, o que significa que ele pode ter diferentes dimensões, do signo mínimo, o morfema, ao texto. Signo é toda produção humana dotada de sentido (1969: 63-70). Por conseguinte, a metáfora e a metonímia, signos conotados, podem ter a dimensão de uma palavra, de uma frase, de um texto.

As propostas de Hjelmslev levam a pensar a metáfora e a metonímia não somente como figuras de palavras, mas como procedimentos de construção e de organização do sentido do discurso. Que significa ver, discursivamente, a metáfora e a metonímia? Em primeiro lugar, considerar que elas são processos de construção do sentido que não dizem respeito à palavra isolada, mas que são produzidas e compreendidas na sintagmática do texto. Em segundo, que as unidades de manifestação da metáfora e da metonímia podem ter diferentes dimensões. Em terceiro lugar, que, nos textos pluri-isotópicos, em que há mais de um plano de leitura, as diferentes isotopias relacionam-se metafórica ou metonimicamente e, por conseguinte, os planos de leitura guardam, entre si, uma relação metafórica ou metonímica. Em quarto, que os processos metafóricos e metonímicos não dizem respeito apenas à linguagem verbal, mas são modos de construção e de organização presentes em todas as linguagens (por exemplo, o cinema, a pintura, a publicidade) e manifestam-se em todos os processos simbólicos, sejam eles subjetivos ou sociais. Em quinto, que são modos de encadeamento dos segmentos textuais. Finalmente, a seleção de um ou de outro desses processos caracteriza os diferentes discursos sociais. Como mostra Jakobson, o romantismo prefere o modo metafórico de organização do discurso, enquanto o realismo, o modo metonímico (1963: 62-63).

DO CONCEITO DE METÁFORA E DE METONÍMIA

Duas são as bases teóricas para essa definição da metáfora e metonímia: Hjelmslev e Jakobson. Do primeiro, tomam-se as noções de conotação e de não pertinência da dimensão das unidades de manifestação na definição do signo (1968: 155-167; 63-70). Do segundo, a ideia, que já vem da Antiguidade (Lausberg, 1991: 61, 70), de que as relações de similaridade e de contiguidade presidem à construção, respectivamente, da metáfora e da metonímia (1963: 43-67). É preciso agora comentar cada um dos elementos da definição anteriormente citada.

Muitos linguistas afirmam que não há uma distinção entre sentido próprio e sentido figurado, pois não se pode determinar o que seja efetivamente sentido próprio. Esses linguistas, no entanto, pensam no signo como uma palavra isolada, com sentidos definidos pelo dicionário. No entanto, a conotação não é um fenômeno da palavra isolado, mas um fato discursivo. É sempre no texto que se percebe o acréscimo de um sentido segundo ao sentido primeiro.

Já se viu antes que o signo é a união de um plano da expressão a um plano do conteúdo: ERC. Por exemplo, o sentido da palavra *olho* é "globo colocado na parte anterior da cabeça e que serve de órgão da visão"; o sentido do termo *gato* é "pequeno mamífero carnívoro, doméstico, da família dos felídeos". Portanto, o significado da expressão *olho de gato* é "globo colocado na parte, etc.". No entanto, em português, *olho de gato* significa também "chapinha colocada em pequenos postes, instalados ao longo das estradas de rodagem, que reflete a luz dos faróis dos automóveis, para marcar os limites do leito da estrada". No primeiro caso, temos um signo denotado; no segundo, um signo conotado. Como se compõe um signo conotado? É aquele cujo plano de expressão é um signo. Assim, temos um signo denotado ERC, ao qual se acrescenta um novo plano de conteúdo (ERC) R C. No caso de *olho de gato*, acrescentou-se um segundo conteúdo ao conteúdo do signo denotado: "globo colocado na parte anterior da cabeça e que serve de órgão da visão para um animal felino, etc.". Ora, poder-se-ia perguntar por que dar essa explicação para o signo conotado e não simplesmente afirmar que ocorreu uma mudança de sentido. Porque, se se afirmasse apenas que ocorreu uma alteração de sentido, ter-se-ia que admitir que qualquer mudança de sentido poderia ocorrer na língua e que, portanto, os sentidos se multiplicariam aleatória e caoticamente. No entanto, não é isso que ocorre. Para criar um signo conotado, é preciso que haja uma relação entre o significado que se acrescenta e o significado já presente no signo denotado. O dispositivo que indica as margens das estradas recebe esse nome porque, assim como o olho dos gatos, ele tem a propriedade de refletir a luz. Entre os dois significados, há então um traço comum.

Os dois mecanismos principais de conotação são a metáfora e a metonímia. A metáfora é o acréscimo de um significado a outro, quando entre eles existe uma relação de semelhança, de intersecção. Essa relação indica que há traços comuns entre os dois significados.

> Ó mar, por que não apagas
> Co'a esponja de tuas vagas
> De teu manto este borrão?
> (Castro Alves, 1967: 229)

Apagas significa "eliminas"; *esponja* quer dizer "material usado para eliminar"; *manto*, "superfície"; *borrão*, "navio negreiro". Temos metáforas, porque, entre os dois significados, há um traço comum: por exemplo, entre *manto* e *superfície*, há em comum o traço /parte externa e visível/; entre *apagar* e *eliminar* há a semelhança do traço /supressão/.

A metonímia é o acréscimo de um significado a outro, quando entre eles há uma relação de contiguidade, de coexistência, de interdependência.

74

> [Dudu] é um resto de pessoa, um resto de roupa, um resto de nome. Saberá ler? Não, a fome é sempre analfabeta (Murilo Mendes, 1994: 908).

Fome significa, no texto, "os miseráveis". Temos uma metonímia, porque uma propriedade do ser designa o ser, ou seja, porque entre os dois significados há uma relação de coexistência, dado que o ser coexiste com suas propriedades.

A sinédoque é considerada, desde a Antiguidade (Lausberg, 1991: 76), um tipo de metonímia, em que a relação entre os dois significados é uma relação de inclusão, que não deixa de ser um tipo de contiguidade, de coexistência. Essa relação ocorre quando um significado indica a parte e o outro, o todo ou vice-versa; um expressa o genérico e o outro, o específico ou vice-versa; enfim, quando um indica o mais e o outro, o menos ou vice-versa (Du Marsais, 1977: 86). Com efeito, a parte está incluída no todo; o todo contém a parte; o específico está incluído no genérico e este contém aquele.

> Mais de um rapaz consumiu o tempo em se fazer visto e atraído dela. Mais de uma gravata, mais de uma bengala, mais de uma luneta levaram-lhe as cores, os gestos e os vidros, sem obter outra coisa que a atenção cortês e acaso uma palavra sem valor (Machado de Assis, 1979, v. I: 1038).

No texto, *gravata, bengala* e *luneta* significam os rapazes que se aproximavam da moça. Toma-se um acessório da vestimenta pelo todo, a pessoa. Temos sinédoques. A mesma coisa acontece com *cores, gestos* e *vidros*, que são propriedades dos acessórios, que significam os acessórios, que, por sua vez, querem indicar a pessoa.

Jakobson diz que, em poesia, "toda metonímia é ligeiramente metafórica e toda metáfora tem um matiz metonímico" (1969: 149). Quando se pensa que se toma um traço semelhante a dois significados e é ele quem vai determinar o todo do sentido, pode-se dizer que sempre e não apenas, na poesia, a metáfora é ligeiramente metonímica. A mesma coisa ocorre com a metonímica, que tem um fundo metafórico. Com efeito, traços só coexistem, quando há uma intersecção construída entre eles. Assim, *gravata* significa homem, porque, em seu semema, está a ideia de masculinidade.

DA METÁFORA E DA METONÍMIA COMO PROCEDIMENTOS DISCURSIVOS

A metáfora e a metonímia não são fenômenos que concernem à palavra isolada, são antes procedimentos discursivos, pois só na combinatória sintagmática elas são construídas e percebidas. É a não pertinência de um dado sentido num sintagma que determina a compreensão de que um novo sentido foi acrescentado a um determinado signo denotado.

Observe-se o texto abaixo, retirado do romance *Memórias póstumas de Brás Cubas*, de Machado de Assis:

> – Venha cá jantar amanhã, disse-me o Dutra uma noite.
>
> Aceitei o convite. No dia seguinte, mandei que a sege me esperasse no Largo de S. Francisco de Paula, e fui dar várias voltas. Lembra-vos ainda a minha teoria das edições humanas? Pois sabei que, naquele tempo, estava eu na quarta edição, revista e emendada, mas ainda inçada de descuidos e barbarismos; defeito que, aliás, achava alguma compensação no tipo, que era elegante, e na encadernação, que era luxuosa. Dadas as voltas, ao passar pela Rua do Ourives, consulto o relógio e cai-me o vidro na calçada. Entro na primeira loja que tinha à mão; era um cubículo, – pouco mais –, empoeirado e escuro.
>
> Ao fundo, por trás do balcão, estava sentada uma mulher, cujo rosto amarelo e bexiguento não se destacava logo, à primeira vista [...]. Crê-lo-eis, pósteros? essa mulher era Marcela. [...]
>
> [...] eu deixei-me ir então ao passado e, no meio das recordações e saudades, perguntei a mim mesmo por que motivo fizera tanto desatino. Não era esta certamente a Marcela de 1822; mas a beleza de outro tempo valia uma terça parte dos meus sacrifícios? Era o que eu buscava saber, interrogando o rosto de Marcela. O rosto dizia-me que não; ao mesmo tempo os olhos me contavam que, já outrora, como hoje, ardia neles a flama de cobiça. Os meus é que não souberam ver-lha; eram olhos da primeira edição (1979, v. i: 556-558).

Nesse texto, narra-se o encontro casual de Brás Cubas com Marcela, por quem ele se apaixonara perdidamente na juventude. Por causa desse amor ele cometera toda sorte de desatinos, todo tipo de loucura, como emprestar dinheiro para dar-lhe presentes caros, que ela insinuava desejar possuir. Quando ele aparecia com os presentes, ela dizia que não eram necessários, mas tratava imediatamente de guardá-los. Quando o pai dele soube que ele estava endividado por causa de uma mulher, pagou-lhe as dívidas e determinou-lhe que fosse estudar em Coimbra. Ele não se opôs aos desígnios paternos, imaginando que ela o amava e, portanto, iria com ele para Portugal. No entanto, como Marcela estava apenas interessada no dinheiro de Brás Cubas e percebeu que ele não lhe poderia mais dar presentes caros, abandonou-o. De volta de Portugal, já formado, ele encontra-se com Marcela, que tivera uma doença e ficara com o rosto todo picado de bexigas.

O narrador, nesse trecho, vai por duas vezes mencionar a teoria das edições humanas. Para ele, cada época da vida é uma edição, que corrige a anterior, e que será corrigida também, até a edição definitiva, que ocorre quando da morte. Edição é a tiragem de uma obra (textos, partituras, etc.). Tem-se uma nova edição, quando o autor corrige, revê, emenda ou aumenta a obra. O narrador diz que estava na quarta edição, revista e emendada, mas que ainda era uma edição inçada de descuidos e barbarismos. Esses defeitos achavam compensação no tipo (= os caracteres com que a obra é impressa), que era elegante, e na encadernação, que era luxuosa. Mais adiante diz que, nos olhos de Marcela, assim como antigamente, ardia a flama da cobiça, mas que, na época, ele não soubera ver, pois seus olhos eram ainda olhos de primeira edição.

A relação que se estabelece entre os significados da palavra *edição* e da expressão *época da vida humana* é que existem traços comuns de sentido entre eles, é que existe uma relação de intersecção entre seus significados: cada época da vida é como uma edição de um livro, pois tanto numa como na outra, vamos corrigindo as ideias, vamos emendando a forma de expressá-las. A quarta edição já corrigira muitas coisas da primeira, em que sequer se sabia ver o interesse debaixo do que parecia ser amor. No entanto, ela ainda está inçada de imperfeições (descuidos e barbarismos). O que compensa é que o tipo é elegante e a encadernação, luxuosa. *Tipo* e *encadernação* significam aqui a "aparência exterior". Brás Cubas era um homem elegante, vestia-se com apuro, com luxo. A alteração do significado de *tipo* e *encadernação* também se faz com base num traço comum de sentido: a exterioridade.

Nota-se que somente na combinatória do texto se percebe que um segundo sentido foi acrescentado aos termos *edição, tipo, encadernação*, etc. Por isso, mesmo a metáfora tendo a dimensão da palavra, o texto todo adquire um valor metafórico.

DO USO GENERALIZADO DA METÁFORA E DA METONÍMIA

Na linguagem poética, explora-se toda a força da conotação para criar efeitos de sentido.

> É a vaidade, Fábio, nesta vida,
> Rosa, que da manhã lisonjeada,
> Púrpuras mil, com ambição dourada,
> Airosa rompe, arrasta presumida.

> É planta, que de abril favorecida,
> Por mares de soberba desatada,
> Florida galeota empavesada,
> Sulca ufana, navega destemida.

É nau enfim, que em breve ligeireza,
Com presunção de Fênix generosa,
Galhardias apresta, alentos preza:

Mas ser planta, ser rosa, nau vistosa,
De que importa, se aguarda sem defesa
Penha a nau, ferro a planta, tarde a rosa?
(Gregório de Matos. In: Cândido e Castello, 1973, v. i: 73-74)

Nesse texto, o poeta vai explicar a Fábio o que é a vaidade. No primeiro quarteto, afirma que ela é *rosa*; no segundo, que é *planta*; no primeiro terceto, que é *nau*. Essas três palavras significam, no soneto, "vaidade". Para que o leitor entenda por que *rosa, planta* e *nau* têm esse sentido no texto, o poeta vai explicar a relação que estabelece entre o significado de cada um desses termos e o do vocábulo *vaidade*.

No primeiro quarteto, diz que a vaidade é rosa, mas não qualquer uma. É aquela lisonjeada pela manhã, ou seja, a rosa recém-aberta e que, portanto, está em todo seu esplendor. O que o poeta quer dizer, então, é que a vaidade é a beleza aparente, que se exibe, brilha e seduz (*Púrpuras mil, com ambição dourada/ Airosa rompe, arrasta presumida*). No segundo quarteto, o poeta afirma que a vaidade é planta, mas em pleno esplendor da primavera, já que é *de abril favorecida* (abril é o mês em que, no hemisfério norte, a primavera está em seu apogeu). A vaidade é, então, esplendor (*planta de abril favorecida*) e ornamentos (*florida galeota empavesada*) que se exibem pela vida (*por mares de soberba desatada*) com orgulho (*sulca ufana*) e arrojo (*navega destemida*). No primeiro terceto, ao dizer que a vaidade é *nau*, o poeta mostra que o ser humano vaidoso é aquele que, apesar de ter a presunção da perpetuidade (*Com presunção de Fênix generosa*), valoriza os brilhos exteriores (*galhardias apresta*) e momentâneos (*alentos preza*). A relação que se estabelece entre os significados das palavras *rosa, planta, nau* e do termo *vaidade* é que existem traços comuns de sentido entre eles, é que há uma relação de intersecção entre seus significados: o homem vaidoso exibe suas belezas, como a rosa recém-aberta; mostra apenas seus esplendores, como a planta na primavera; valoriza o que é exterior e momentâneo, embora tenha a presunção de perpetuidade, como a nau. Trata-se, então, de três metáforas para dar concretude ao termo abstrato *vaidade*.

No último terceto, o termo *penha* (= penhasco, rochedo) significa o "naufrágio" do navio. Como *penha* pode ter esse sentido? O penhasco é a causa do naufrágio, que é seu efeito. Dá-se à causa o significado do efeito. Entre esses dois sentidos há uma relação de contiguidade, de coexistência, de interdependência, de implicação, isto é, um efeito implica uma causa. O vocábulo *ferro* significa o "corte" da planta. Aqui a alteração do significado se faz em duas etapas. Ferro é o material de que é feito o machado; *ferro* quer, pois, dizer "machado". No caso, o material de que um objeto é feito está designando o próprio objeto. Entre os dois significados há uma relação de implicação. Em seguida, *machado* passa a significar "corte". Utiliza-se, portanto, o instrumento com que uma ação é feita para designar a ação. Entre a ação e o instrumento, há também uma relação de implicação, pois o segundo está relacionado à primeira. A palavra *tarde* significa o "fenecer", o "murchar" da rosa. Usa-se, pois, o momento pelo evento que nele ocorre. Entre os dois significados, há uma relação de implicação, pois o evento está intrinsecamente unido a um dado momento. Temos, então, três metonímias. No entanto, como *nau, planta* e *rosa* não estão usadas no seu sentido próprio no soneto, mas significam o "homem vaidoso", os significados "naufrágio", "corte" e "fenecimento", contaminados pelo valor semântico das três palavras contíguas, passam a significar "morte". Entre os significados "naufrágio", "corte" e "fenecimento", de um lado, e "morte", de outro, há uma relação de semelhança, ou de intersecção, já que todos contêm o traço semântico /acabamento/, /fim/. As três metonímias em contato com as metáforas se metaforizam. O que o poeta pergunta, pois, no segundo terceto, é: de que vale ser vaidoso, se a morte é inexorável (*se aguarda sem defesa/ Penha a nau, ferro a planta, tarde a rosa*)? O soneto trata, então, de temas muito caros ao barroco: a fugacidade da vida e a inexorabilidade da morte.

No entanto, é preciso ver que a linguagem corrente está repleta de conotações: *afogar-se num copo d'água, forçar a barra, guerra contra a inflação, batalha dos preços*. Nem mais prestamos atenção ao valor conotado dessas expressões. Quando se observa a história da língua, por exemplo, nota-se que quase todas as palavras têm sentidos oriundos de conotações. *Argumento* provém da raiz *argu-*, que aparece também na palavra *argênteo* (= prateado) e que significa "cintilar". Na origem, *argumento* era o que fazia cintilar uma ideia. Essa raiz ocorre também em *arguto* e *argúcia*, que se relacionam à inteligência brilhante. Aliás, usar a palavra *brilhante* para referir-se a um indivíduo ou a suas ações é também uma conotação. Não percebemos mais as palavras conotadas em nossa língua, mas, quando aprendemos uma língua estrangeira, somos bastante sensíveis à conotação, que os falantes dessa língua não percebem mais. Numa língua melanésia, cabelo é expresso por uma palavra que significa, literalmente, "erva que cresce na cabeça". Um estrangeiro, que não esteja acostumado às expressões conotadas e cristalizadas de uma determinada língua, faz rir ao substituir um de seus componentes por um sinônimo: por exemplo, dizer *assassinar o tempo* em lugar de *matar o tempo*; *barbante vocal* em vez de *corda vocal*. Cada língua conota diferentemente e, por isso, a maneira de ver o mundo varia de língua para língua.

Para que se criam metáforas e metonímias? No caso da metáfora, para apresentar uma nova maneira, mais viva, de ver as coisas do mundo, privilegiando certos traços semânticos usualmente deixados de lado; no caso da metonímia, para mostrar a essência das coisas, ou seja, aquilo que é percebido como fundamental num objeto, num evento, etc.

DA DIMENSÃO DOS SIGNOS METAFÓRICOS E METONÍMICOS

Mostrou-se antes que, para Hjelmslev, o signo pode ter diferentes dimensões, do signo mínimo, o morfema, ao texto. Signo é toda produção humana dotada de sentido. Por conseguinte, a metáfora e a metonímia, signos conotados, podem ter a dimensão de uma palavra, de uma frase, de um texto.

Observe-se o texto *Um apólogo*, de Machado de Assis:

Era uma vez uma agulha, que disse a um novelo de linha:
— Por que está você com esse ar, toda cheia de si, toda enrolada, para fingir que vale alguma cousa neste mundo?
— Deixe-me, senhora.
— Que a deixe? Que a deixe, por quê? Porque lhe digo que está com um ar insuportável? Repito que sim, e falarei sempre que me der na cabeça.
— Que cabeça, senhora? A senhora não tem cabeça. Que lhe importa o meu ar? Cada qual tem o ar que Deus lhe deu. Importe-se com a sua vida e deixe a dos outros.
— Mas você é orgulhosa.
— Decerto que sou.
— Mas por quê?
— É boa! Porque coso. Então os vestidos e enfeites de nossa ama, quem é que os cose, senão eu?
— Você? Esta agora é melhor. Você é que os cose? Você ignora que quem os cose sou eu, e muito eu?
— Você fura o pano, nada mais; eu é que coso, prendo um pedaço ao outro, dou feição aos babados...
— Sim, mas que vale isso? Eu é que furo o pano, vou adiante, puxando por você, que vem atrás obedecendo ao que eu faço e mando...
— Também os batedores vão adiante do imperador.
— Você é imperador?
— Não digo isso. Mas a verdade é que você faz um papel subalterno, indo adiante; vai só mostrando o caminho, vai fazendo o trabalho obscuro e ínfimo. Eu é que prendo, ligo, ajunto...

Estavam nisto, quando a costureira chegou à casa da baronesa. Não sei se disse que isto se passava em casa de uma baronesa, que tinha a modista ao pé de si, para não andar atrás dela. Chegou a costureira, pegou do pano, pegou da agulha, pegou da linha, enfiou a linha na agulha, e entrou a coser. Uma e outra iam andando orgulhosas, pelo pano adiante, que era a melhor das sedas, entre os dedos da costureira, ágeis como os galgos de Diana – para dar a isto uma cor poética. E dizia a agulha:

– Então, senhora linha, ainda teima no que dizia há pouco? Não repara que esta distinta costureira só se importa comigo; eu é que vou aqui entre os dedos dela, unidinha a eles, furando abaixo e acima...

A linha não respondia nada; ia andando. Buraco aberto pela agulha era logo enchido por ela, silenciosa e ativa, como quem sabe o que faz, e não está para ouvir palavras loucas. A agulha, vendo que ela não lhe dava resposta, calou-se também, e foi andando. E era tudo silêncio na saleta de costura: não se ouvia mais que o *plic-plic-plic-plic* da agulha no pano. Caindo o sol, a costureira dobrou a costura, para o dia seguinte; continuou ainda nesse e no outro, até que no quarto acabou a obra, e ficou esperando o baile.

Veio a noite do baile, e a baronesa vestiu-se. A costureira, que a ajudou a vestir-se, levava a agulha espetada no corpinho, para dar algum ponto necessário. E enquanto compunha o vestido da bela dama, e puxava a um lado ou outro, arregaçava daqui ou dali, alisando, abotoando, acolchetando, a linha, para mofar da agulha, perguntou-lhe:

– Ora, agora, diga-me, quem é que vai ao baile, no corpo da baronesa, fazendo parte do vestido e da elegância? Quem é que vai dançar com ministros e diplomatas, enquanto você volta para a caixinha da costureira, antes de ir para o balaio das mucamas? Vamos, diga lá.

Parece que a agulha não disse nada; mas um alfinete, de cabeça grande e não menor experiência, murmurou à pobre agulha: – Anda, aprende, tola. Cansas-te em abrir caminho para ela e ela é que vai gozar da vida, enquanto aí ficas na caixinha de costura. Faze como eu, que não abro caminho para ninguém. Onde me espetam, fico.

Contei esta história a um professor de melancolia, que me disse, abanando a cabeça: – Também eu tenho servido de agulha a muita linha ordinária! (1979, v. ii: 554-556).

O texto *Um apólogo* é um texto metafórico. Portanto, em sua integralidade, é um signo conotado. Nele, o narrador confere à linha e à agulha traços humanos: elas conversam, dão-se um tratamento próprio dos seres humanos (*você, senhora*), atribuem-se verbos que indicam ações humanas (por exemplo, *fingir*). Ao mesmo tempo, a narrativa relata atividades que são próprias de uma linha e de uma agulha: *coser, furar o pano, prender, ligar, ajuntar*, etc.

O que se observa, portanto, é que ao significado habitual dos termos *agulha* e *linha* se acrescenta um segundo plano de sentido: o humano. Daí se conclui que esse texto não fala propriamente de agulhas e linhas, mas de seres humanos. Se o narrador tivesse usado personagens humanas, o texto não teria a mesma expressividade. Quando se mostra que há pessoas com papel de agulha e outras com função de linha, aproveitam-se traços próprios desses objetos, para projetá-los nas pessoas. Entre as agulhas e certas pessoas há uma série de traços comuns:

a) ambas furam o pano, isto é, abrem caminho para os outros;
b) ambas vão adiante, puxando; carregando o que vem atrás;
c) ambas fazem trabalho obscuro;
d) ambas têm papel subalterno;
e) ambas não desfrutam do prazer do seu trabalho.

Agulha significa, nesse texto, "pessoa que abre caminho para outros e não recebe qualquer reconhecimento por isso". *Linha* quer dizer "pessoa que desfruta do esforço daqueles que lhe abriram caminho e lhe criaram oportunidade". As relações entre a linha e a agulha são as mesmas que se estabelecem entre a costureira e a baronesa, os batedores e o imperador. A partir daí, todos os termos referentes às atividades próprias da linha e da agulha devem ser lidos como atividades humanas: *furar o pano* = "abrir caminho", etc.

O último parágrafo confirma, com a frase *Também eu tenho servido de agulha a muita linha ordinária*, essa interpretação dada ao texto: na vida social, há os que realizam o verdadeiro trabalho e os que desfrutam do trabalho alheio.

Pode-se dizer que o texto abaixo é metonímico, porque ele fala de uma parte, de um exemplo, para significar o todo. Fala da água, para falar da ciência e da literatura.

Lição sobre a água

Este líquido é água.
Quando pura
é inodora, insípida e incolor.
Reduzida a vapor,
sob tensão e a alta temperatura,
move os êmbolos das máquinas, que, por isso,
se denominam máquinas de vapor.

É um bom dissolvente.
Embora com exceções mas de um modo geral,
dissolve tudo bem, ácidos, bases e sais.
Congela a zero graus centesimais
e ferve a 100, quando a pressão normal.

82

Foi nesse líquido que numa noite cálida de Verão,
sob um luar gomoso e branco de camélia,
apareceu a boiar o cadáver de Ofélia
com um nenúfar na mão.

(Gedeão, 1972: 244-245)

À primeira vista, temos a impressão de que se trata de um texto denotado, ou seja, com um só plano de leitura. Fala sobre a água. Ainda mais: temos
a sensação, nas duas primeiras estrofes, de estar diante de um texto retirado de
um livro de ciências das séries elementares, enquanto, na última estrofe, parece
que estamos diante de um texto poético. Com efeito, as duas primeiras estrofes
falam das propriedades físico-químicas da água (ausência de cor, cheiro e sabor,
em estado de pureza; propriedade solvente quase universal, pois dissolve substâncias pertencentes aos três grandes grupos de elementos químicos, ácidos, bases e
sais; ponto de congelamento e de fervura, em pressão normal) e falam também
de sua utilidade (mover máquinas e servir de solvente). Como se disse, temos a
impressão de que a palavra "água" tem um valor denotativo e de que o poeta está
fazendo uma exposição, que ficaria melhor num compêndio científico, sobre as
propriedades e funções de uma dada substância. No entanto, na terceira estrofe, o
tom muda: um ritmo lento e majestoso substitui o ritmo quase prosaico das duas
primeiras estrofes; as consoantes não momentâneas predominam; os vocábulos
selecionados parecem mais sugestivos, parecem "literários".

Comecemos a análise por essa estrofe. O que chama a atenção é a
utilização de adjetivos não pertinentes do ponto de vista da comunicação: noite
cálida de Verão, luar branco de camélia. Esses adjetivos não são pertinentes do
ponto de vista da comunicação, porque introduzem uma redundância, que,
comunicacionalmente, seria viciosa, já que uma noite de verão é necessariamente
cálida, quente, e o luar é, por definição, branco, assim como a camélia. No
entanto, aquilo que é redundante do ponto de vista da mensagem utilitária pode
ser o elemento básico da construção poética. Temos, pois, de um lado a reiteração
da quentura e, de outro, da brancura. *Verão*, grafado com maiúscula, não denota
apenas a estação do ano, mas evoca o calor e, por associação, conota a vida. Isso
sugere o tempo dos jogos de amor. Luar é o clima dos enamorados. É definido
como de uma brancura intensa, pois "de camélia" reforça "branco". A brancura
conota a pureza. Além disso, o verso sugere um clima arrebatador, pois gomoso
significa viscoso, é o que prende, cativa e seduz. O terceiro verso introduz a
ideia da morte, da podridão do cadáver, da frieza. Até agora nos mantivemos
na análise de mecanismos internos de produção do sentido. No entanto, é
preciso ver a relação do texto com outros textos. Ofélia, cujo cadáver aparece

boiando, evoca Ofélia, personagem da tragédia *Hamlet*, de Shakespeare. Esta amava Hamlet e, enlouquecida de dor, porque o próprio amado matara seu pai, morreu afogada. A evocação de uma personagem da tragédia clássica introduz no poema todos os conflitos que perpassam a tragédia, cujas personagens são dilaceradas por sentimentos e deveres contraditórios. No quarto verso, aparece o termo "nenúfar", planta aquática da família das ninféaceas. Essa palavra traz à mente as ninfas, evocando beleza, juventude e, também, vida.

No meio de um conjunto de signos que sugerem a vida, introduz-se a morte; no interior da brancura de camélia do luar, insere-se a putrefação (o cadáver). A água é um lugar de vida (é onde crescem os nenúfares); é também o lugar de seu contraditório, a morte (é onde boia o cadáver). Estamos no plano do mito, pois todo mito reúne elementos semânticos contrários entre si. A água ganha a dimensão do mito. Ao mesmo tempo, Ofélia lança-nos no domínio da literatura.

A nitidez dos recursos poéticos da terceira estrofe obriga-nos a reler as duas primeiras, para perceber o significado global do poema, que, até agora, apresenta-se como dois blocos de significação sem aparente relação entre si.

Esse poema não fala da água. Não é, pois, denotado. Fala da ciência e da literatura. Há duas grandes maneiras de conhecer o mundo. Uma é a da ciência, que é denotativa, descreve a realidade em suas propriedades e funções. Ela define, distingue, não admite a contradição. Por isso, é uma visão da realidade sem cheiro, sem cor e sem sabor. Está vinculada ao mundo do trabalho e dos negócios ("move os êmbolos das máquinas"), pois gera uma tecnologia. Nela, a realidade é vista como um espaço em que tudo está catalogado e separado. A análise da ciência é sempre parcial, sempre incompleta, pois não leva em conta a contraditoriedade humana, expressa pelo mito. A leitura literária do mundo é o plano do entendimento mítico, que apreende simultaneamente as contraditoriedades inerentes ao real, onde a morte é a contraface da vida; a podridão, da pureza; o frio, do calor... Por isso, é uma visão com cores intensas ("o luar branco de camélia") e sensações táteis muito vivas. Está vinculada ao mundo dos sentimentos, fundindo os elementos, enquanto conserva suas propriedades. A substituição do ritmo e a predominância das consoantes não momentâneas recriam, no plano da expressão, a ideia da invasão do mito que flui pelo interior da realidade. É a única leitura do mundo que apreende os sentimentos contraditórios que movem os homens.

O poeta mostrou essas duas leituras do mundo, criando em seu texto simulacros do discurso científico e do discurso literário, a partir de seus traços mais evidentes e mais de acordo com o senso comum. Com efeito, no senso comum, pensa-se que existem matérias literárias e não literárias e palavras literárias e não literárias. A morte e o luar seriam temas literários. *Camélia, nenúfar, cálido*, etc. seriam termos literários, enquanto *ácidos, bases* e *sais* não o seriam. Por isso, temos a impressão, nas duas primeiras estrofes, de estar diante de um texto retirado de um livro de ciências das séries elementares e, na última, de estar diante de um texto literário. Pode-se dizer que esse texto é metonímico, porque fala do todo, o discurso literário e o discurso científico, a partir de um exemplo singular, um dado discurso sobre a água.

DOS PLANOS DE LEITURA METAFÓRICOS E METONÍMICOS DOS TEXTOS PLURI-ISOTÓPICOS

A isotopia é a recorrência, ao longo de uma cadeia sintagmática, de categorias sêmicas, que garantem a unidade ao discurso (Greimas e Courtés, 1979: 197). É a isotopia que estabelece as leituras que devem ou podem ser feitas de um texto. Uma leitura não tem origem na intenção do leitor de interpretar o texto de uma dada maneira, mas está inscrita no texto como virtualidade. Há textos pluri-isotópicos, que admitem várias leituras, mas todas elas estão inscritas no texto como possibilidades. Neles, os mesmos elementos têm mais de uma interpretação, segundo o plano de leitura em que forem analisados. Essas diferentes leituras podem relacionar-se metafórica ou metonimicamente. Para explicar isso, tomemos como exemplo um trecho do poema "Alguns toureiros", de João Cabral de Melo Neto.

> Mas eu vi Manuel Rodriguez,
> *Manolete*, o mais deserto,
> o toureiro mais agudo,
> mais mineral e desperto,
>
> o de nervos de madeira,
> de punhos secos de fibra,
> o de figura de lenha,
> lenha seca da caatinga,
>
> o que melhor calculava
> o fluido aceiro da vida,
> o que com mais precisão
> roçava a morte em sua fímbria,
>
> o que à tragédia deu número,
> à vertigem, geometria,
> decimais à emoção
> e ao susto, peso e medida,

sim, eu vi Manuel Rodriguez,
Manolete, o mais asceta,
não só cultivar sua flor
mas demonstrar aos poetas:

como domar a explosão
com mão serena e contida,
sem deixar que se derrame
a flor que traz escondida,

e como, então, trabalhá-la
com mão certa, pouca e extrema:
sem perfumar sua flor,
sem poetizar seu poema
(1989: 156).

O poeta fala, no texto, sobre alguns toureiros que conheceu. O último de que fala é Manolete. Na primeira estrofe do trecho que transcrevemos, ele recebe qualificações, de uma forma ou outra, relativas a mineral; na segunda, ganha qualificações concernentes a vegetal. Seus predicados são a secura, a contenção, a agudeza. Ele é *lenha, madeira, fibra* (vegetal seco) e não *planta*; é *deserto* (figura que lembra a secura, a contenção); é *mineral* (também evoca o que é seco e agudo). Esses predicados estão presentes no interior (*nervos*) e no exterior (*figura*) do toureiro.

Seus atos são figurativizados pelo percurso da matemática. A vida apresenta uma enorme fragilidade. Nela, a todo momento, roça-se a fímbria da morte. O poeta fala em *fluido aceiro da vida*. O ascetismo, a contenção, a secura de Manolete derivam da consciência dessa fragilidade, da certeza de que qualquer gesto menos preciso pode significar a morte. Por isso, à tragédia, à emoção, à vertigem e ao susto, que poderiam levar à ruptura com a realidade, ele contrapõe o *cálculo*, a *precisão*, o *número*, a *geometria*, os *decimais*, o *peso* e a *medida*. Os versos seguintes dizem que Manolete cultivava sua flor asceticamente, secamente. A flor é a emoção. É preciso conter a emotividade, domar sua explosão e, depois, trabalhá-la, não permitindo que se derrame. A emoção deve ser pouca. Não se deve nunca *perfumar a flor*, deixar que uma emotividade descontrolada se espalhe.

Essas estrofes estão referindo-se ao toureiro, cujo trabalho lhe impõe condições tais que a presença da morte é uma constante e a vida existe apesar das circunstâncias adversas.

Deixamos três versos de lado em nossa leitura: *mas demonstrar aos poetas, sem poetizar seu poema* e *lenha seca da caatinga*. Os dois primeiros versos não se integram ao plano de leitura proposto, o da vida de um toureiro. Como a atitude de Manolete é um ensinamento para os poetas? Esses versos determinam a criação de outro plano de leitura: o do ato de poetar. Todas as figuras devem ser lidas agora também nesse plano. O poeta deve ser seco, contido, agudo, domar as emoções, trabalhá-las parcamente. Sua poética deve ser contida, para que, com um gesto menos calculado, não rompa ele com a realidade em que o poeta deve trabalhar.

O último dos três versos leva a um plano de leitura social. Não se trata mais do toureiro espanhol, mas do nordestino (*lenha seca da caatinga*), que, vivendo em condições tão extremas, roça a todo instante a fímbria da morte, devendo, pois, com precisão, calcular o fluido aceiro da vida. É seco, contido, doma suas emoções, pois qualquer gesto menos preciso pode levar à ruptura definitiva.

Esse texto admite, pelo menos, três leituras: a do tourear, a do poetar e a do viver no Nordeste brasileiro. Essas leituras relacionam-se metaforicamente, pois há uma intersecção de sentido entre elas: a contenção das emoções.

As anedotas, as frases maliciosas, de duplo sentido, os textos humorísticos jogam também com dois planos de leitura. Neles, lê-se o que pertence a um plano em outro. Veja, por exemplo:

– Então, o senhor sofre de reumatismo?
– É claro. O que o senhor queria? Que eu usufruísse do reumatismo, que eu desfrutasse do reumatismo, que eu fruísse do reumatismo, que eu gozasse o reumatismo.

Observe que, nessa anedota, o verbo *sofrer* está usado em dois sentidos diferentes: *sofrer + de + nome designativo de doença* significa "ter"; *sofrer + de + nome abstrato* significa "padecer". A questão foi formulada com o primeiro sentido, que determina um plano de leitura: o das doenças que se têm. Foi, no entanto, lida pelo interlocutor no segundo sentido, que gera outro plano de leitura: o dos sofrimentos da vida. Nesse caso, as duas leituras relacionam-se metonimicamente, pois entre os dois sentidos do verbo *sofrer* há uma relação de coexistência.

DA METÁFORA E DA METONÍMIA COMO PROCEDIMENTOS DE CONSTRUÇÃO DO SENTIDO EM TODAS AS LINGUAGENS

A metáfora e a metonímia não são processos apenas da linguagem verbal (Jakobson, 1963: 63). Em todas as outras linguagens (a pintura, a publicidade, etc.) usam-se metáforas e metonímias. Os signos de orientação de usuários em locais públicos ou nas estradas (indicação de restaurantes, de banheiros, etc.) são em geral metonímicos. É o caso de uma placa com talheres, que indica a existência de um restaurante, ou com uma cama, que aponta para a presença de um lugar para alojar-se. O quadro *Guernica*, de Picasso, é metonímico. Ele é constituído de elementos que se implicam para mostrar o horror da guerra. No quadro, não há cor, apenas cinza, branco e negro. Nele, não há relevo. A cor e o relevo são dois elementos com que a natureza se dá a conhecer ao homem. Eliminar a cor e o relevo é mostrar que não existe mais natureza e vida, mas tão somente a morte. As figuras dos caídos, bem como as coisas representadas (a lâmpada a querosene, a lâmpada elétrica, as chamas do incêndio, o touro), mostram que os aviadores alemães destruíram a vida, considerada tanto do ponto de vista da natureza quanto da história. *Guernica* representa o horror da guerra, com seu cortejo de destruições. Com ela desaparece a vida, desaparece a arte, desaparece a civilização. Já no quadro *Sono*, de Dali, é metafórico. Nele, mostra-se uma cabeça segura por frágeis forquilhas. Tem-se a impressão de que se uma cair tudo desabará. Há uma intersecção sêmica entre "cabeça segura por forquilhas" e "sono": a precariedade, a efemeridade.

Como mostra Jakobson, todos os processos simbólicos humanos, sejam eles sociais ou individuais, organizam-se metafórica e metonimicamente (1963: 65-66). Agatha Christie criou dois detetives que têm grande importância em sua obra porque aparecem como figuras-chave em vários romances: Poirot e Miss Marple. O processo de descoberta dos dois é completamente diverso. O de Poirot é metonímico: a partir de um dado indício (parte), ele reconstrói o crime, por meio de uma série de implicações. O de Miss Marple é metafórico: ela percebe analogias entre o crime que está investigando e um outro já ocorrido. Termina sempre afirmando que o mal é sempre igual. Será que poderíamos tirar conclusões sobre os estereótipos sociais a respeito dos papéis tradicionais da mulher e do homem, quando vemos, na obra da escritora inglesa, que este raciocina por implicações e aquela, por analogia?

DO ENCADEAMENTO METAFÓRICO E METONÍMICO DOS TÓPICOS DE UM TEXTO

Jakobson sugere que os tópicos de um texto podem encadear-se metafórica e metonimicamente (1963: 61). Vejamos como isso se dá.

Cenário

De um dos cabeços da *Serra dos Órgãos* desliza um fio d'água que se dirige para o norte, e engrossado com os mananciais, que recebe no seu curso de dez léguas, torna-se rio caudal.

É o *Paquequer*: saltando de cascata em cascata, enroscando-se como uma serpente, vai depois se espreguiçar na várzea e embeber no Paraíba, que rola majestosamente em seu vasto leito.

Dir-se-ia que vassalo e tributário desse rei das águas, o pequeno rio, altivo e sobranceiro contra os rochedos, curva-se humildemente aos pés do suserano. Perde então a beleza selvática; suas ondas são calmas e serenas como as de um lago, e não se revoltam contra os barcos e canoas que resvalam sobre elas: escravo submisso, sofre o látego do senhor.

Não é neste lugar que ele deve ser visto; sim três ou quatro léguas acima de sua foz, onde livre ainda, como o filho indômito desta pátria da liberdade.

Aí, o *Paquequer* lança-se rápido sobre o seu leito, e atravessa as florestas como o tapir, espumando, deixando o pelo esparso pelas pontas do rochedo e enchendo a solidão com o estampido de sua carreira. De repente, falta-lhe o espaço, foge-lhe a terra; o soberbo rio recua um momento para concentrar as suas forças e precipita-se de um só arremesso, como o tigre sobre a presa.

Depois, fatigado do esforço supremo, se estende sobre a terra, e adormece numa linda bacia que a natureza formou, e onde o recebe como em um leito de noiva, sob as cortinas de trepadeiras e flores agrestes.

A vegetação nestas paragens ostentava outrora todo o seu luxo e vigor; florestas virgens se estendiam ao longo das margens do rio, que corria no meio das arcarias de verdura e dos capitéis formados pelos leques das palmeiras.

Tudo era grande e pomposo no cenário que a natureza, sublime artista, tinha decorado para os dramas majestosos dos elementos, em que o homem é apenas um simples comparsa.

No ano da graça de 1604, o lugar que acabamos de descrever estava deserto e inculto; a cidade do Rio de Janeiro tinha-se fundado havia menos de meio século, e a civilização não tivera tempo de penetrar o interior.

Entretanto, via-se à margem direita do rio uma casa larga e espaçosa, construída sobre uma eminência e protegida por uma muralha de rocha cortada a pique.

A esplanada, sobre que estava assentado o edifício, formava um semicírculo irregular que teria quando muito cinquenta braças quadradas; do lado norte havia uma espécie de escada de lajedo feita metade pela natureza e metade pela arte.

Descendo dois ou três dos largos degraus de pedra da escada, encontrava-se uma ponte de madeira solidamente construída sobre uma fenda larga e profunda que se abria na rocha. Continuando a descer, chegava-se à beira do rio, que se curvava em seio gracioso, sombreado pelas grandes gameleiras e angelins que cresciam ao longo das margens.

Aí, ainda a indústria do homem tinha aproveitado habilmente a natureza para criar meios de segurança e defesa.

De um e outro lado da escada seguiam dois renques de árvores que, alargando gradualmente, iam fechar como dois braços o seio do rio; entre o tronco dessas árvores, uma alta cerca de espinheiros tornava aquele vale impenetrável (José de Alencar. *O guarani*. São Paulo: Saraiva, 1968, v. I: 1-3).

O texto é uma descrição do cenário onde está situada a casa de D. Antônio de Mariz, fidalgo português, que fora um dos fundadores da cidade do Rio de Janeiro, e onde se passaram os acontecimentos relatados no romance *O guarani*.

A figurativização desse espaço é feita com figuras recorrentes na tradição literária, para criar o que foi denominado *locus amoenus* (lugar ameno): beleza e exuberância da natureza, abundância de sombras, águas, flores, presença de árvores protetoras. Não é preciso elencar todas as figuras do percurso figurativo do lugar ameno. Basta que citemos algumas: *linda bacia, cortinas de trepadeiras, flores agrestes, florestas virgens se estendiam ao longo das margens do rio, corria no meio das arcarias de verdura e dos capitéis formados pelos leques das palmeiras*. A segunda característica que chama a atenção na figurativização do lugar é que a natureza é vista como um ser vivo. Os movimentos do Paquequer são comparados aos de animais: *enroscando-se como uma serpente; se espreguiçar; atravessa as florestas como um tapir, espumando e deixando o pelo esparso pelas pontas do rochedo e enchendo a solidão com o estampido de sua carreira; recua um momento para concentrar as suas forças e precipita-se de um só arremesso, como o tigre sobre sua presa; fatigado; adormece*. Além disso, os elementos da natureza são antropomorfizados. Observe-se que ao Paquequer são atribuídos adjetivos que se aplicam aos humanos (*livre, soberbo, altivo, sobranceiro*), ele é comparado a seres humanos (*como o filho indômito desta pátria da liberdade; escravo submisso, sofre o látego do senhor*). A natureza é denominada de *sublime artista*. A relação do Paquequer com o Paraíba é considerada como a de um vassalo com seu suserano. Outra característica que se observa na figurativização do espaço é que elementos da natureza são comparados a artefatos feitos pelo homem: a bacia onde o Paquequer adormece é vista como um *leito de noiva*; as trepadeiras e flores agrestes, como *cortinas*; os galhos das árvores, como *arcos*; os leques das palmeiras, como *capitéis*.

No meio dessa natureza antropomorfizada, animizada, culturalizada, aparece claramente um elemento humano: a casa de Dom Antônio de Mariz. Observando as figuras que constroem a imagem dessa casa, vê-se que ela aparece como um castelo medieval: no alto, protegida de todos os lados por uma muralha cortada a pique.

O narrador mostra que, no cenário que está compondo, intervêm a natureza e a cultura. Diz, por exemplo, que a escada de lajedo fora *feita metade pela natureza e metade pela arte*; que *a indústria do homem tinha aproveitado habilmente a natureza para criar meios de segurança e de defesa*.

90

A figurativização permite-nos dizer que o cenário criado pelo narrador manifesta o tema da integração da natureza e da cultura. Ademais, *O guarani* tem um componente das novelas medievais de cavalaria, já que, no romance alencariano, as personagens pautam sua conduta por normas cavalheirescas. Dom Antônio é um senhor feudal: habita um castelo, que abriga vassalos em torno do suserano. O código de honra desses homens fundamenta-se na lealdade ao senhor. O espaço, em que a relação dos dois rios é apresentada com uma relação de vassalagem, está, assim, perfeitamente integrado ao substrato romanesco que orienta as ações das personagens.

A harmonia do cenário, em que se integram natureza e cultura, representa o paraíso terrestre, o éden, onde o homem vivia em perfeita integração com a natureza. Nele, porém, surge a serpente e produz-se a queda, com a expulsão do homem do espaço edênico. Também em *O guarani* haverá uma serpente: Loredano, que acaba produzindo conflitos, que levam à destruição da casa de Dom Antônio e à morte de quase todas as personagens. Como se observa, há uma perfeita integração entre espaço e ação romanesca.

Os tópicos vão encadeando-se metaforicamente. Vejamos alguns exemplos. No segundo parágrafo, mostra-se o rio em toda sua força e depois espreguiçando-se na várzea e embebendo-se no Paraíba. No terceiro, encadeia-se o tópico da vassalagem. Há uma semelhança entre o espreguiçar-se e o embeber-se no Paraíba e o curvar-se humildemente aos pés do suserano. Nos dois parágrafos seguintes, encadeia-se o tópico da liberdade, da rapidez e da força do rio. Isso é mostrado metaforicamente por meio da ação dos grandes mamíferos. Em seguida, encadeia-se, por intersecção sêmica, a placidez do rio e o adormecer do grande animal, que fez um esforço supremo.

Vejamos agora um texto retirado do romance *O cortiço*, de Aluísio Azevedo:

> Naquela mulata estava o grande mistério, a síntese das impressões que ele recebeu chegando aqui: ela era a luz ardente do meio-dia; ela era o calor vermelho das sestas da fazenda; era o aroma quente dos trevos e das baunilhas, que o atordoara nas matas brasileiras; era a palmeira virginal e esquiva que se não torce a nenhuma outra planta; era o veneno e o açúcar gostoso; era o sapoti mais doce que o mel e era a castanha de caju, que abre feridas na boca com seu azeite de fogo; ela era a cobra verde e traiçoeira, a lagarta viscosa, a muriçoca doida, que esvoaçava havia muito tempo em torno do corpo dele, assanhando-lhe os desejos, acordando-lhe as fibras embambecidas pela saudade da terra, picando-lhe as artérias, para lhe cuspir dentro do sangue uma centelha daquele amor setentrional, uma nota daquela música feita de gemidos de prazer, uma larva daquela nuvem de cantáridas que zumbiam em torno de Rita Baiana e espalhavam-se pelo ar numa fosforescência afrodisíaca (1957: 87).

Nesse texto, temos uma apresentação da personagem Rita Baiana, do ponto de vista das impressões recebidas por Jerônimo, imigrante português, que viera para o Brasil para trabalhar e juntar dinheiro. Rita Baiana representa a natureza brasileira, com sua luminosidade (luz ardente do meio-dia, fosforescência afrodisíaca da nuvem de cantáridas, que são um tipo de inseto que brilha), seu calor, seu perfume (aroma quente dos trevos e baunilhas), suas formas (a da palmeira), seus sabores (a doçura do sapoti e a acidez da castanha de caju), suas texturas (viscosidade da lagarta), suas cores (verde da cobra traiçoeira que se confunde com a folhagem), seus sons (música feita de gemidos de prazer). Essas sensações se misturavam e se confundiam (observe-se a sinestesia *calor vermelho*). Despertavam em Jerônimo o desejo, acordavam-lhe o corpo, embambecido por saudades de Portugal. Jerônimo vai começar um processo de abrasileiramento, que torna seus sentidos mais apurados, mas, ao mesmo tempo, faz decrescer sua capacidade de trabalho. Note-se que, na época, pensava-se que, nos trópicos, as pessoas tinham uma capacidade maior para o prazer, mas não para o trabalho. Jerônimo termina por abandonar sua mulher, Piedade de Jesus, para ficar com Rita Baiana, a síntese da natureza brasileira.

Os tópicos vão se encadeando metonimicamente: uma parte coexiste com a outra parte e assim sucessivamente: luz, calor, aroma, forma, sabor, cores, texturas, sons. Dessa forma, organizam-se, numa sucessão, todas as ordens sensoriais, que recebem as impressões que tomavam de assalto Jerônimo. Por outro lado, essas sensações são a causa da mudança de Jerônimo (efeito).

BIBLIOGRAFIA

Alencar, José de (1968). *O guarani*. São Paulo: Saraiva, v. i.
Azevedo, Aluísio (1957). *O cortiço*. 18. ed. São Paulo: Martins.
Candido, Antonio; Castello, José Aderaldo (1973). *Presença da literatura brasileira*. São Paulo: Difusão Europeia do Livro, v. i.
Castro Alves, Antônio de (1967). *Poesias completas de Castro Alves*. Rio de Janeiro: Ediouro.
Du Marsais (1977). *Traité des tropes*. Paris: Le Nouveau Commerce.
Gedeão, António (1972). *Poesias completas (1956-1967)*. Lisboa: Portugália.
Greimas, A. J.; Courtés, J. (1979). *Sémiotique. Dictionnaire raisonné de la théorie du langage*. Paris: Hachette.
Hjelmslev, Louis (1968). *Prolégomènes à une théorie du langage*. Paris: Les Éditions de Minuit.
Jakobson, Roman (1963). "Deux aspects du langage et deux types d'aphasies". In: *Essais de linguistique générale*. Paris: Les Éditions de Minuit, t. i, p. 43-67.
Lausberg, H. (1991). *Manual de retórica literária*. Madri: Gredos, v. ii.
Machado de Assis (1979). *Obras completas*. Rio de Janeiro: Nova Aguilar, v. i e ii.
Melo Neto, João Cabral de (1989). *Antologia poética*. 7. ed. Rio de Janeiro: José Olympio.
Mendes, Murilo (1994). *Poesia completa e prosa*. Rio de Janeiro: Nova Aguilar.
Molinie, Georges (1992). *Dictionnaire de rhétorique*. Paris: Le Livre de Poche.

UMA CONCEPÇÃO
DISCURSIVA DE ESTILO

O estilo é o homem.
Buffon

O estilo é o esquecimento de todos os estilos.
Jules Renard

A ESTILÍSTICA NO BRASIL

Se começarmos por distinguir uma estilística da língua de uma estilística literária, vamos observar que, no Brasil, a primeira parece ter tido mais importância.

A estilística da língua foi iniciada por Charles Bally (1941 e 1952). Para esse discípulo de Saussure, a linguagem apresenta duas faces: uma intelectiva ou lógica e uma afetiva. Por essa razão, é possível distinguir a informação neutra dos suplementos subjetivos acrescentados a ela, como o comprovam os casos em que o mesmo conteúdo é expresso de maneira diferente. Essa distinção permite separar o conteúdo linguístico do conteúdo estilístico. À estilística cabe estudar

> os fatos da expressão da linguagem, organizada do ponto de vista de seu conteúdo afetivo, isto é, a expressão dos fatos da sensibilidade pela linguagem e a ação dos fatos da linguagem sobre a sensibilidade (1952: 16).

A tarefa da estilística é, assim, a de estudar o conjunto de recursos expressivos da língua, que tem a função seja de manifestar os sentimentos do falante, seja de atuar sobre os outros. Cabe ainda lembrar que Bally se interessa fundamentalmente pelos aspectos afetivos da língua falada, o que o afasta das disciplinas literárias.

Marouzeau (1969) dá um enfoque mais individual à estilística, deslocando-a da língua para o discurso. Concebe a língua como um repertório de possibilidades que os usuários utilizam de acordo com suas necessidades de expressão, praticando suas escolhas, ou seja, seu estilo, na medida em que as leis da língua o permitem. Tanto Marouzeau quanto Cressot (1974) consideram a língua literária o lugar do uso mais rico e variado dos recursos expressivos e, por conseguinte, o domínio por excelência da estilística. Cressot analisa os procedimentos estilísticos literários, pretendendo descrever a linguagem literária. Não estuda autores ou obras.

Dentro dessa tradição, desenvolve-se uma gama de estudos que visam a estudar os recursos expressivos da língua portuguesa.

Manuel Rodrigues Lapa (1945) já no prefácio revela sua filiação teórica a Bally. Em sua obra *Estilística da língua portuguesa*, estuda os valores expressivos do vocabulário, dos processos de formação de palavras, das classes de palavras (substantivo, adjetivo, artigo, pronome, verbo, advérbio, preposição e conjunção) e de alguns fatos sintáticos, principalmente a concordância irregular. Sua obra tem fins práticos e não discute aspectos teóricos da noção de estilo. Por outro lado, assume, às vezes, ao dar conselhos aos que se iniciam na arte de escrever, um tom normativo, contrário à perspectiva descritiva que deveria presidir a esse tipo de estudo.

Mattoso Câmara trata da questão do estilo em diferentes textos. No entanto, sua obra mais importante nesse domínio é *Contribuição à estilística portuguesa* (1952). Partindo das funções da linguagem enunciadas por Bühler, a de representação, a de expressão e a de apelo, mostra que a primeira corresponde à linguagem intelectiva, domínio da gramática; a segunda e a terceira dizem respeito, respectivamente, à manifestação psíquica e à atuação sobre o outro, campo da estilística. Esta disciplina estuda, pois, o sistema expressivo da língua e faz parte da linguística considerada em sentido amplo (em sentido restrito, a linguística corresponde ao domínio da gramática). Dessa forma, pretende Mattoso Câmara estabelecer uma linguística portuguesa do estilo. Para ele, a linguagem tem a função de representar mentalmente a realidade, mas os falantes alteram o sistema linguístico para exprimir emoções e influir sobre as pessoas. Assim, o estilo é o uso da língua que ultrapassa o plano intelectivo. Na segunda parte de sua obra, Mattoso estuda algumas possibilidades expressivas do português, para, de certa forma, balizar os estudos estilísticos da língua portuguesa. Analisa aspectos fônicos (por exemplo, a motivação sonora), léxicos (por exemplo, o valor estilístico dos sufixos e da sinonímia) e dois fatos sintáticos do português, o infinitivo pessoal e a colocação dos pronomes átonos, para mostrar seu valor expressivo.

Gladstone Chaves de Melo explicita sua filiação teórica a Bally, chegando a dizer que "as modernas correntes deixam intocada a estilística da linha de Bally" (1976: 40). Estuda a utilização do material sonoro, analisa a sintaxe em perspectiva estilística (a frase e suas modalidades, o emprego dos determinantes, o emprego do verbo, o emprego das formas nominais do verbo, a regência, a concordância, a colocação, etc.) e faz breves observações sobre o valor expressivo do vocabulário.

Nilce Sant'Anna Martins

> trata da expressividade da língua portuguesa, isto é, os meios que ela oferece aos que falam ou escrevem para manifestarem estados emotivos e julgamentos de valor, de modo a despertarem em quem ouve ou lê uma reação de ordem afetiva (1989: 23).

Sua filiação teórica a Bally é também explícita. Entretanto, examina principalmente os fatos da linguagem literária, por considerar que dela se podem deduzir as possibilidades estilísticas nos níveis fonético, léxico e sintático. Estuda a estilística do som, a da palavra (lexical e morfológica), a da frase. Além disso, analisa fatos vinculados à enunciação sob uma perspectiva estilística. Assim, estuda, entre outros, os fenômenos de citação do discurso alheio, a questão das formas de tratamento, a utilização de uma pessoa por outra, as figuras de retórica consideradas à luz da enunciação. Finalmente, mostra que a estilística de enunciação é um campo ainda novo e bastante promissor.

A chamada estilística literária não teve, no Brasil, uma posição proeminente no campo dos estudos de literatura. Em São Paulo, em torno da figura de Antonio Candido, procede-se a uma renovação, de cunho sociológico, dos estudos literários. Afrânio Coutinho, no Rio de Janeiro, lidera uma renovação da crítica fundamentada no *New Criticism*, mas também com elementos da estilística à Spitzer e Dámaso Alonso. Embora a influência da Estilística não seja central, desenvolveram-se trabalhos fundados em duas vertentes: de um lado, a estilística idealista de Spitzer e Dámaso Alonso; de outro, a estilística estruturalista. As duas baseiam-se numa concepção de estilo como desvio. No entanto, enquanto esta faz dos desvios o objeto de sua análise, aquela pretende explicar a origem dos desvios, que são motivados pelo psiquismo dos escritores. Para a estilística idealista, a linguagem literária é desvio, porque traduz um estado de alma particular. A estilística estruturalista concebe o estilo como o desvio de uma norma, seja ela extratextual, quando é concebida como a norma linguística (por exemplo, Bruneau, 1975) ou como o código da prosa, em que o grau zero de poeticidade é atribuído à linguagem da prosa científica, informativa (por exemplo, Cohen, 1974), seja ela intratextual, quando é vista como o conjunto padrões linguísticos imperantes no texto (por exemplo, Riffaterre, 1973).

ESTILO: RECORRÊNCIA E DIFERENÇA

Com base na Semiótica e na Análise do Discurso de linha francesa, propomo-nos refletir sobre o conceito de estilo, para estabelecer alguns elementos com que se possa trabalhar na leitura de textos.[1] Dois problemas devem atrair nossa atenção: o conceito de estilo e sua relação com a linguagem literária.

A palavra *estilo* tem uma utilização bastante ampla. Usa-se esse termo para falar de um escritor (o estilo de Vieira, de Camões, de Alencar, de Machado de Assis), de uma "escola" artística (o estilo barroco, o estilo romântico, o estilo dos impressionistas), de um criador qualquer (o estilo de Chanel, o estilo de Portinari), de uma época (o estilo dos anos sessenta), de um tipo de linguagem (o estilo jurídico, o estilo diplomático), de uma atividade humana qualquer (o estilo de governar do presidente Fernando Henrique). Qual é o sentido de base dessa palavra, que propicia esses diferentes usos?

Estilo é o conjunto de traços particulares que define desde as coisas mais banais até as mais altas criações artísticas. É o conjunto de características que determina a singularidade de alguma coisa, ou, em termos mais exatos, é o conjunto de traços recorrentes do plano do conteúdo ou da expressão por meio dos quais se caracteriza um autor, uma época, etc. O termo *estilo* alude, então, a um fato diferencial: diferença de um autor em relação a outro, de um pintor relativamente a outro, de uma época em relação a outra, etc. Há, no estilo, como em todos os fatos discursivos, um aspecto ligado à produção do texto e um relacionado a sua interpretação. Isso significa que o estilo toma forma na interação entre produção e interpretação, ou seja, numa práxis enunciativa, o que quer dizer que é um fato da ordem do acontecimento e não da estrutura. Sendo controlado pela instância da enunciação, o estilo aparece nas formas discursivas e nas formas textuais.[2] Assim, estilo é um conjunto global de traços recorrentes do plano do conteúdo (formas discursivas) e do plano da expressão (formas textuais), que produzem um efeito de sentido de identidade. Configuram um *éthos* discursivo, ou seja, uma imagem do enunciador. É nesse sentido que se pode entender hoje a afirmação de Buffon de que o estilo é o homem.

Exemplifiquemos o que são esses traços recorrentes. São características do plano do conteúdo, por exemplo, a reiteração de certos temas (os temas da *efemeridade da vida* e da *inexorabilidade da morte* repetem-se na poesia barroca; o tema do *carpe diem* é uma recorrência na poesia de Ricardo Reis, um dos heterônimos de Fernando Pessoa). A descrição de objetos decorativos é característica do parnasianismo. Diz Alfredo Bosi que "o parnasiano típico acabará deleitando-se na nomeação de vasos e leques chineses, flautas gregas, taças de coral, ídolos de gesso em túmulos de mármore" (1975: 248). As figuras relacionadas à vida pastoril são reiteradas na poesia árcade. A ênfase nos comportamentos instintivos do homem e sua comparação com os animais são constantes no romance naturalista. São características do plano da expressão, por exemplo, as formas de organizar as palavras no texto ou determinadas construções. Assim, vemos que a antítese é uma constante da sermonística de Vieira. A busca exacerbada da musicalidade da linguagem, com a criação de aliterações, etc., é uma constante na poesia simbolista; as rimas perfeitas e ricas e a métrica impecável são definidoras do parnasianismo. O que determina um estilo é o conjunto de traços reiterados e não uma característica isolada.

Os imitadores, os que parodiam, os falsificadores em pintura, os *covers*, etc. "copiam" exatamente esse conjunto de traços, o estilo daquele que é imitado, falsificado, etc. Por outro lado, é esse conjunto de características que permite dizer, quando lemos um texto ou vemos um quadro cujo autor não conhecemos: *parece Vieira, soa a Machado, é um Toulouse-Lautrec*. Examinemos alguns exemplos de imitação de estilo.

> "Quando Bauer, o de pés ligeiros, se apoderou da cobiçada esfera, logo o suspeitoso Naranjo lhe partiu ao encalço, mas já Brandãozinho, semelhante à chama, lhe cortou a avançada. A tarde de olhos radiosos se fez mais clara para contemplar aquele combate, enquanto os agudos gritos e imprecações em redor animavam os contendores. A uma investida de Cárdenas, o de fera catadura, o couro inquieto quase se foi depositar no arco de Castilho, que com torva face o repeliu. Eis que Djalma, de aladas plantas, rompe entre os adversários atônitos, e conduz sua presa até o solerte Julinho, que a transfere ao valoroso Didi, e este por sua vez a comunica ao belicoso Pinga. A essa altura, já o cansaço e o suor chegam aos joelhos dos combatentes, mas o Atrida enfurecido, como o leão, que fiado na sua força, colhe no rebanho a melhor ovelha, rompendo-lhe a cerviz

e despedaçando-a com fortes dentes, para em seguida sorver-lhe o sangue e as entranhas – investe contra o desprevenido Naranjo e atira-o sobre a verdejante relva calcada por tantos pés celestes. Os velozes Torres, Madrida e Avellan quedam paralisados, tanto o pálido temor os domina; e é quando o divino Baltasar, a quem Zeus infundiu sua energia e destreza, arremete com a submissa pelota e vai plantá-la, qual pomba mansa, entre os pés do siderado Carbajal..."

Assim gostaria eu de ouvir a descrição do jogo entre brasileiros e mexicanos, e a de todos os jogos: à maneira de Homero (Drummond, 1983: 1090).

O próprio cronista diz que a descrição do jogo imaginada por ele no primeiro parágrafo imita o estilo de Homero, em que uma das características é a plasticidade. Pode-se dizer que o poeta não descreve um objeto, mas coloca-o diante de nós, faz com que o vejamos. Essa visualidade da poética homérica é dada pela utilização de adjetivos ou de expressões de valor adjetivo bem concretos (por exemplo, não se diz que Bauer era rápido, mas que era *o de pés ligeiros; o divino Baltasar, a quem Zeus infundiu sua energia e destreza*); pelas comparações (por exemplo *como o leão, que fiado na sua força, colhe no rebanho a melhor ovelha, rompendo-lhe a cerviz e despedaçando-a com fortes dentes, para em seguida sorver-lhe o sangue e as entranhas*), pela atribuição de um adjetivo concreto referente ao efeito a um substantivo abstrato designativo da causa (por exemplo, *pálido temor*), pela atribuição de uma característica bem precisa a cada personagem (por exemplo, *solerte Julinho, valoroso Didi, belicoso Pinga*), pela tentativa de concretização maior dos substantivos comuns, seja designando os objetos por uma característica, seja atribuindo aos nomes um adjetivo bem concreto (*couro inquieto, presa* [= bola], *verdejante relva, submissa pelota*). Como o poeta recria o estilo de Homero por desejar ouvi-lo repetido na descrição de um jogo de futebol, configura-se aí uma imitação de estilo por captação, ou uma estilização, em que se imita o estilo na mesma direção de sentido do texto imitado.

Manuel Bandeira escreveu uma série de poemas denominados *À maneira de...*, em que imita o estilo de certos poetas, não para desqualificá-los, mas como um exercício de escrita. Trata-se também de casos de imitação de estilo por captação ou de estilização.

À maneira de Alberto de Oliveira

Esse que em moço ao Velho Continente
Entrou de rosto erguido e descoberto,
E ascendeu em balão e, mão tenente,
Foi quem primeiro o sol viu mais de perto;

Águia da Torre Eiffel, da Itu contente
Rebento mais ilustre e mais diserto,
É o florão que nos falta (e não nos tente
Glória maior), Santos Dumont Alberto!

Ah que antes de morrer, como soldado
Que malferido da refrega a poeira
Beija do chão natal, me fora dado

Vê-lo (tal Febo esplende e é luz e é dia)
Na que chamais de Letras Brasileira,
Ou melhor nome tenha, Academia.
(1983: 434)

Alberto de Oliveira é um dos mais célebres poetas do parnasianismo brasileiro. Quais as características de sua poesia captadas por Manuel Bandeira? A forma poética preferida de Alberto de Oliveira é o soneto. Além disso, frequentemente, traça um quadro, uma cena, em que procura fixar a sensação de um detalhe ou a memória do fragmento de um determinado acontecimento. Manuel Bandeira, num soneto, busca compor a cena do brasileiro que, chegado à Europa, voa, pela primeira vez, com um instrumento mais pesado do que o ar, ao redor da Torre Eiffel. Esse tema é tratado, como sempre faz Alberto de Oliveira, com objetividade. O fato é simplesmente narrado. Além disso, faz-se no soneto uma referência à mitologia clássica: usa-se a expressão *tal Febo esplende* para significar *o sol brilha*. A métrica usada é o decassílabo heroico, acentuado fundamentalmente na 6ª e na 10ª sílabas, mas com possibilidade de ter acentuações secundárias na 8ª e numa das quatro primeiras sílabas. As rimas são todas graves, ou seja, rimam palavras paroxítonas. Ademais, são sempre ricas, ou seja, são feitas com palavras de classe gramatical diferente ou de finais pouco frequentes. Contraem-se sistematicamente as vogais, fazendo com que duas ou mais sílabas gramaticais se transformem numa única sílaba poética (por exemplo, no 1º verso, temos *essi quiem moço*, em que *que* e *em* formam um ditongo). No domínio da sintaxe, usa-se abundantemente a inversão da ordem habitual das palavras (por exemplo, o objeto direto precede o verbo em *a poeira beija, o sol viu de mais perto*, anteposição do determinante ao determinado *de Letras Brasileira* [...] *Academia*). O léxico é preciosista (por exemplo, *diserto* = que se exprime com facilidade, simplicidade e elegância; *florão* = ornato de ouro ou de pedras preciosas, à feição de uma flor). Todos esses traços dos níveis fônico (métrica, rima, etc.), léxico e sintático são recorrentes na poesia de Alberto de Oliveira. Cabe lembrar ainda que uma imagem semelhante a *ver o sol mais de perto*, para quem se eleva às alturas, foi usada por Alberto de Oliveira no poema *Aspiração*:

> Ser palmeira! existir num píncaro azulado,
> Vendo as nuvens mais perto e as estrelas em bando.
> (Azevedo, 2006: 19)

Mário de Andrade, expoente da primeira fase do modernismo brasileiro, faz, no texto abaixo, uma imitação por subversão, ou seja, uma paródia.

Senhoras:
Não pouco vos surpreenderá, por certo, o endereço e a literatura desta missiva. Cumpre-nos, entretanto, iniciar estas linhas de saùdade e muito amor com desagradável nova. É bem verdade que na boa cidade de São Paulo – a maior do universo no dizer de seus prolixos habitantes – não sois conhecidas por "icamiabas", voz espúria, sinão que pelo apelativo de Amazonas; e de vós se afirma cavalgardes belígeros ginetes e virdes da Hélade clássica; e assim sois chamadas. Muito nos pesou a nós, Imperator vosso, tais dislates de erudição, porém heis de convir conosco que, assim, ficais mais heroicas e mais conspícuas, tocadas por essa pátina respeitável da tradição e da pureza antiga.

Mas não devemos esperdiçarmos vosso tempo fero, e muito menos conturbarmos vosso entendimento, com notícias de mau calibre; passemos, pois, imediato, ao relato de nossos feitos por cá.

Nem cinco sóis eram passados que de vós nos partíramos, quando a mais temerosa desdita pesou sobre nós. Por uma bela noite dos idos de maio do ano translato, perdíamos a muiraquitã; que outrém grafara muraquitã, e, alguns doutos, ciosos de etimologias esdrúxulas, ortografam muyrakitam e até mesmo muraqué-itã, não sorriais! Haveis de saber que este vocábulo, tão familiar a vossas trompas de Eustáquio, é quasi desconhecido por aqui. Por estas paragens mui civis, os guerreiros chamam-se polícias, grilos, guardas-cívicas, boxistas, legalistas, mazorqueiros, etc.; sendo que alguns desses termos são neologismos absurdos – bagaço nefando com que os desleixados e petimetres conspurcam o bom falar lusitano. Mas não nos sobra já vagar para discretearmos "sub tegmine fagi", sobre a língua portuguesa, também chamada lusitana. O que vos interessará, por sem dúvida, é saberdes que os guerreiros de cá não buscam mavórticas damas para o enlace epitalámico, mas antes as preferem dóceis e facilmente trocáveis por voláteis folhas de papel a que o vulgo chamará dinheiro, o "curriculum vitae" da civilização a que hoje fazemos ponto de honra em pertencermos (1978: 71-72).

O trecho faz parte do capítulo "Carta pras icamiabas" do livro *Macunaíma*. O remetente dessa carta é Macunaíma, o próprio herói do romance; o lugar em que está é a cidade de São Paulo; o destinatário são as icamiabas, ou seja, as amazonas, mulheres guerreiras, que, segundo a lenda, viviam na região hoje denominada Amazônia. Deve-se lembrar que o termo *icamiabas* é de origem indígena, enquanto a palavra *amazonas* provém do grego.

Esse texto, logo à primeira vista, parece ter sido escrito num período anterior ao modernismo, em que se cultivava uma forma "clássica" de escrever. Os traços que permitem afirmar isso são:

a) uso da segunda pessoa do plural para tratamento;

b) emprego sistemático do plural majestático;

c) utilização do objeto indireto pleonástico, em *Muito nos pesou a nós*;

d) uso de um léxico preciosista e até de sabor arcaizante (*voz* por "palavra", *missivas* por "cartas", *Hélade* por "Grécia", *belígeros ginetes* por "cavalos de guerra", *dislates* por "asneiras", *conspícuas* por "ilustres", "respeitáveis", *pátina* por "envelhecimento", *fero* por "feroz", *idos de maio* por "dia 15 de maio"; *translato* por "passado", *petimetre* por "homem que se veste com apuro exagerado", *discretear* por "discorrer calmamente", *enlace epitalâmico* por "casamento", *vulgo* por "povo", *mavórticas*, adjetivo derivado de Mavorte, forma epentética de Marte, por "guerreiras");

e) utilização de perífrases que chegam ao ridículo, para falar de coisas bastante banais (*trompas de Eustáquio* por "ouvidos");

f) emprego de formas da sintaxe clássica, como, por exemplo, oração reduzida de infinitivo em casos em que no português moderno se utiliza uma oração desenvolvida (por exemplo, de vós se afirma *cavalgardes* belígeros ginetes e *virdes* da Hélade clássica);

g) uso do infinitivo flexionado em locuções verbais ou junto de auxiliares causativos (por exemplo, *não devemos esperdiçarmos; fazemos ponto de honra pertencermos*);

h) emprego das normas portuguesas antigas de acentuação (por exemplo, *saùdade* em lugar de *saudade*, *epitalámico* em vez de *epitalâmico*);

i) citação de dois versos de *Os Lusíadas*, com que se inicia o célebre episódio do *Gigante Adamastor*:

> Porém já cinco sóis eram passados
> Que dali nos partíramos cortando (v, 37, 1-2).

j) citação de um pedaço do 1º verso das *Bucólicas*, de Virgílio: *sub tegmine fagi*.

O texto surpreende no contexto do romance, porque o narrador rompe com a modalidade espontânea de linguagem que vinha utilizando até então e adota um registro marcadamente formal. Ao optar por um léxico e uma sintaxe já desusados, muito a gosto dos parnasianos e pré-modernistas (por exemplo, Rui Barbosa, Coelho Neto, Bilac), o narrador imita o estilo desses autores, para ridicularizar a literatura brasileira do período anterior ao modernismo e, por conseguinte, toda a cultura brasileira dessa época, já que esse estilo correspondia ao gosto da moda. Ao satirizar o caráter anacrônico e formal da linguagem da época, escarnece do caráter ultrapassado e solene de nossa cultura urbana em geral. Ironiza as discussões etimológicas, muito apreciadas então. Ao dizer que as palavras da gíria ou da linguagem familiar são neologismos absurdos, bagaço nefando, com que se conspurca a língua portuguesa, satiriza os puristas. Ridiculariza certa norma do português, o que era tido por "português castiço" no período. Ironiza uma forma de escrever, em que, sem o menor propósito, cita-se a literatura clássica. É um caso de imitação de estilo por subversão (chamada também paródia), pois o narrador desqualifica o estilo imitado no próprio movimento de imitação.

Diferença e repetição são dois momentos no processo dinâmico de produção estilística. O estilo aparece como diferença e, em seguida, fixa-se em esquemas, cristaliza-se em estereótipos, que podem ser imitados. Importa analisar a constituição diferencial do estilo.

ESTILO E DIALOGISMO

O princípio unificador da obra de Mikhail Bakhtin é a concepção dialógica da linguagem. O teórico russo enuncia esse princípio e, em sua obra, examina-o em seus diferentes ângulos e estuda detidamente suas diferentes manifestações.

Segundo Bakhtin, a língua, em sua "totalidade concreta, viva", em seu uso real, tem a propriedade de ser dialógica. Essas relações dialógicas não se circunscrevem ao quadro estreito do diálogo face a face. Ao contrário, existe uma dialogização interna da palavra, que é perpassada sempre pela palavra do outro, é sempre e inevitavelmente também a palavra do outro. Isso quer dizer que o enunciador, para constituir um discurso, leva em conta o discurso de outrem, que está presente no seu. Ademais, não se pode pensar o dialogismo em termos de relações lógicas ou semânticas, pois o que é diálogo no discurso são posições de sujeitos sociais, são pontos de vista acerca da realidade (1970a: 238-243, cf. também 1988: 86-88, 96, 100; 1992: 353-358).

Esse dialogismo mostra-se na bivocalidade, na polifonia, no discurso direto, indireto e indireto livre, etc. Apesar de mostrar com clareza que as relações dialógicas estão sempre presentes na linguagem, Bakhtin ocupou-se muito mais da análise dos discursos em que elas se mostram do que daqueles em que elas não se manifestam por marcas linguísticas. Assim, estudou mais o que, em certo momento de sua obra, chamou o romance polifônico do que o monofônico, estudou mais o discurso carnavalesco do que o discurso oficial a partir do qual se construía, e assim por diante.

Com base nos princípios bakhtinianos, a Análise do Discurso de linha francesa propõe o princípio da heterogeneidade, a ideia de que a linguagem é heterogênea, ou seja, de que o discurso é tecido a partir do discurso do outro, que é o "exterior constitutivo", o "já dito" sobre o qual qualquer discurso se constrói. Isso quer dizer que o discurso não opera sobre a realidade das coisas, mas sobre outros discursos. Todos são, portanto, "atravessados", "ocupados", "habitados" pelo discurso do outro (Authier, 1990: 25-27). Por isso, a fala é fundamentalmente, constitutivamente heterogênea. Sob a palavra, há outras palavras. A palavra do outro é condição de constituição de qualquer discurso. (Authier, 1982, 1995; Maingueneau, 1983, 1984, 1987). Observe-se que o conceito de heterogeneidade é uma maneira de precisar teoricamente o conceito bakhtiniano de dialogismo.

A heterogeneidade pode ser constitutiva ou mostrada. A primeira é aquela que não se mostra no fio do discurso; a segunda é a inscrição do outro na cadeia discursiva, alterando sua aparente unicidade. Naquela, o discurso não revela a alteridade na sua manifestação; nesta, a alteridade exibe-se ao longo do processo discursivo. A heterogeneidade mostrada pode ser marcada, quando se circunscreve explicitamente, por meio de marcas linguísticas, a presença do outro (por exemplo, discurso direto, discurso indireto, negação, aspas, metadiscurso do enunciador), e não marcada, quando o outro está inscrito no discurso, mas sua presença não é explicitamente demarcada (por exemplo, discurso indireto livre, imitação) (Authier, 1990: 25-36). Como diz Authier, a ambivalência das marcas da heterogeneidade mostrada não marcada representa a incerteza que caracteriza a referência ao outro. Joga ela com a diluição, com a dissolução do outro no um e, por isso, está a meio caminho da heterogeneidade constitutiva e da marcada (1990: 34).

Authier mostra que os dois tipos de heterogeneidade:

104

[...] representam duas ordens de realidade diferentes: a dos processos reais de constituição dum discurso e a dos processos não menos reais de representação, num discurso, de sua constituição. [...] A uma heterogeneidade radical, exterioridade interna ao sujeito e ao discurso, não localizável e não representável no discurso que constitui, aquela do *Outro do discurso* – onde estão em jogo o interdiscurso e o inconsciente –, se opõe a representação, no discurso, das diferenciações, disjunções, fronteiras interior/exterior pelas quais o um – sujeito, discurso – se delimita na pluralidade dos outros e ao mesmo tempo afirma a figura dum enunciador exterior ao seu discurso (1990: 32).

Observe-se que Authier considera a heterogeneidade constitutiva não representável, não localizável, pertencente à ordem do processo real de constituição do discurso. Não postula ela, ao afirmar isso, que essas duas ordens não sejam articuláveis, que não mantenham relações, que não sejam solidárias, mas apenas que são irredutíveis (1990: 33).

Apreende-se a heterogeneidade constitutiva e certas formas da heterogeneidade mostrada pela memória discursiva de uma dada formação social. É a apreensão dos diferentes discursos que circulam numa dada formação social, dividida em classes, subclasses, grupos de interesse divergentes, pontos de vista múltiplos sobre uma dada realidade, que permite ver as relações polêmicas entre eles.

O estilo, sendo um fato discursivo, constitui-se heterogeneamente. É na oposição a outro estilo que se constrói. Por isso, como todo discurso, ele mostra seu direito e seu avesso, ou seja, exibe-se a si mesmo e ao outro em oposição ao qual se constituiu. Essas relações polêmicas permitem historicizar os fatos estilísticos. Por isso, um estilo mostra um *éthos* em contradição com outro, o que permite afirmar, com Bakhtin (1999: 16), que o estilo são dois homens. Exemplifiquemos essa afirmação.

Satélite

Fim de tarde.
No céu plúmbeo
A Lua baça
Paira

Muito cosmograficamente
Satélite.

Desmetaforizada,
Desmitificada,

Despojada do velho segredo de melancolia,
Não é agora o golfão de cismas,
O astro dos loucos e enamorados,
Mas tão somente
Satélite.

Ah Lua deste fim de tarde,
Demissionária de atribuições românticas;
Sem show para as disponibilidades sentimentais!

Fatigado de mais-valia,
Gosto de ti, assim:
Coisa em si,
– Satélite.
(Bandeira, 1973: 232)

Nas linhas de 1 a 6, o poeta constrói uma figura da lua, situando-a num *fim de tarde*, num *céu plúmbeo*, atribuindo-lhe a qualidade de *baça*, isto é, "fosca", "embaçada" e dizendo que ela *paira muito cosmograficamente*. Como cosmografia é a astronomia descritiva, principalmente referente ao sistema solar, o que o poeta quer dizer com *paira muito cosmograficamente* é que a lua está no alto pura e simplesmente como um astro. O poeta sintetiza essa imagem numa palavra: *Satélite*. Com essa figura, o poeta pretende enfatizar o conceito "puro" de lua, despojado de qualquer tipo de associação paralela, sem as impressões sentimentais que esse conceito evoca.

O uso reiterado do prefixo *des*, que indica ação contrária (*desmetaforizada, desmitificada, despojada*), e a afirmação de que a lua *não é agora* o astro dos loucos e dos enamorados pressupõe que, no passado, ela foi metaforizada, mitificada, considerada como o depósito do velho segredo de melancolia, como um golfão de cismas, como o astro dos loucos e enamorados. A negação, tanto a indicada pelo prefixo *des*, quanto a feita pelo advérbio *não*, implica a presença de duas vozes, dois pontos de vista a respeito da lua: um que a vê como uma fonte e um repositório de sentimentos, de mitos e de metáforas; outro que a vê em sua realidade nua indicada pela palavra *satélite*.

Apesar de essas duas perspectivas estarem delimitadas pela negação, precisamos ainda nos valer de nossa memória discursiva, de nosso conhecimento dos textos literários, para entender bem o que o poeta está refutando. As expressões "golfão de cismas" e "astros dos loucos e enamorados" remetem-nos a uma estrofe do poema *Plenilúnio*, de Raimundo Correia:

Há tantos anos olhos nela arroubados,
No magnetismo do seu fulgor!
Lua dos tristes e enamorados,
Golfão de cismas fascinador.
(1976: 65)

Ao opor-se a uma concepção a respeito da lua, atribuída a um literato do passado, podemos concluir não que o poeta esteja lamentando o fim dos bons tempos românticos e criticando a frieza do mundo moderno, mas que é avesso aos exageros sentimentais de certa literatura em torno da lua. Quando ele diz *sem show para as disponibilidades sentimentais*, quer dizer que a lua à qual dirige seus versos não está mais a exibir-se para pessoas predispostas a vê-la de maneira sentimental. Se levarmos em conta que a mais-valia se define como a diferença entre o custo da força de trabalho e o valor do produto produzido pelo trabalhador, ao dizer *fatigado de mais-valia*, o poeta manifesta sua aversão aos exageros próprios de literatos de épocas passadas, que consistem em explorar a lua, roubando dela significados que ela não comporta. O poeta revela sua predileção pela concepção moderna (*Gosto de ti assim:/ Coisa em si,/ Satélite*).

Por meio das negações, e da negação de um texto poético, o poeta circunscreve no texto dois pontos de vista a respeito da poesia e dois estilos. Contesta uma poesia que idealiza a realidade, assume como sua uma concepção de poética como busca da essência da realidade. Ao mesmo tempo, nega a figurativização da lua, que é apresentada em toda a sua luminosidade, no alto do céu, etc. Há, nesse poema, um *éthos* estilístico modernista (o direito) e um anterior ao modernismo (o avesso).

Por outro lado, quando se manifesta a imitação do estilo, seja ela como estilização, seja como paródia, como se mostrou antes, temos a heterogeneidade mostrada não marcada.

ESTILO E TEXTO LITERÁRIO

Entendendo o estilo da maneira como se propôs anteriormente, não há razão para considerar o texto literário como o *locus* privilegiado dos fatos estilísticos. Ao contrário, o estilo é um fato discursivo, que se apresenta em qualquer discurso, seja ele verbal ou não verbal. No entanto, é preciso verificar que existem textos com função utilitária e textos com função estética. Estes são os textos poéticos manifestados por qualquer plano de expressão. Assim, há textos verbais poéticos, textos picturais poéticos, etc. Entre eles, incluem-se os literários.

Muitos autores da chamada pragmática literária insistem no fato de que a literatura é aquilo que uma comunidade de leitores, em função de determinações sociais, linguísticas, institucionais, etc., considera literatura (cf., por exemplo, van Dijk, 1981). É evidente que há um componente de convenção na determinação do fato literário. No entanto, os leitores põem-se de acordo em classificar um texto como literário em função de características próprias dele.

Não entra no rol dessas características nada que se relacione ao conteúdo, dado que não há temas próprios da literatura, já que a arte da palavra trata de todo e qualquer assunto. A única coisa que se pode dizer que certas épocas têm predileção, por razões históricas, por determinados temas.

Por isso, deve-se buscar a singularidade desses textos em outro lugar. Sua primeira propriedade é a relevância do plano da expressão, que, nele, serve não apenas para veicular conteúdos, mas para recriá-los em sua organização. A Semiótica Francesa considera os textos poéticos sistemas semissimbólicos (Greimas e Courtés, 1986: 203-206), em que uma categoria da expressão está relacionada a uma do conteúdo.

> Um sonho
> Na messe, que enlourece, estremece a quermesse...
> O Sol, o celestial girassol, esmorece...
> E as cantilenas de serenos sons amenos
> Fogem fluidas, fluindo à fina flor dos fenos...
> As estrelas em seus halos
> Brilham com brilhos sinistros...
> Cornamusas e crótalos,
> Cítolas, cítaras, sistros,
> Soam suaves, sonolentos,
> Sonolentos e suaves
> Em suaves,
> Suaves lentos lamentos
> De acentos
> Graves,
> Suaves...
> (Castro, 1974: 38-39)

Esse poema tem uma tessitura sonora bastante rica. Vamos mostrar alguns exemplos em que o plano da expressão se articula com o do conteúdo para criar a significação global do texto:

a) a sequência de palavras terminadas em *-ece* (*-esse*) e em *-enos* (*-enas*) faz pensar nos sons da festa, da música, que se repetiam;

b) a aliteração do /l/ no 4º verso insinua o movimento do feno ao sopro da brisa;

c) a aliteração do /l/ e /lh/ dá ideia do cintilar das estrelas;

d) a assonância do /i/ nos 6º e 8º versos evoca, respectivamente, cintilações e sons agudos;

e) a aliteração do /s/ (grafado *c* ou *s*) subentende o som repetido de instrumentos, que se prolonga, como o indicam as nasais;

f) palavras repetidas criam um ritmo langoroso, cuja languidez se manifesta nos /l/ de *lentos lamentos*.

Haveria ainda outros fatos do plano de expressão desse poema a comentar, mas esses bastam para comprovar que fruir um texto literário é perceber essas recriações do conteúdo na expressão e não só compreender os significados.

Quem escreve um texto literário não quer apenas dizer o mundo, mas recriá-lo nas palavras, de forma que, nele, importa não só o que se diz, mas também o modo como se diz. Por isso, a mensagem literária é autocentrada. Uma vez que o plano da expressão é tão relevante quanto o do conteúdo, o texto literário tem o atributo da intangibilidade: não se podem substituir termos por sinônimos, mudar a ordem das palavras, etc. Desfaz-se o texto poético, quando seu plano da expressão é alterado.

O texto literário busca a conotação, isto é, procura criar novos significados. Ele aspira a desautomatizar a linguagem, criando novas relações entre as palavras e estabelecendo associações surpreendentes e inabituais entre elas. Quando o narrador de *Memórias póstumas de Brás Cubas*, de Machado de Assis, diz *Marcela amou-me durante quinze meses e onze contos de réis; nada menos* (1979, v. I: 536), ao combinar, uma figura referente à duração (*quinze meses*) e uma relativa a montante de gasto (*onze contos de réis*), está dizendo, de uma maneira concisa aguda, que ela era interesseira, pois o amou, enquanto ele tinha muito dinheiro.

O texto utilitário tem aspirações à monossemia, enquanto a linguagem em função estética busca a pluralidade de sentidos, instalando a ambivalência interna ao texto, pela criação de várias isotopias, pela multiplicação de pontos de vista, pela explicitação da polifonia, pelo desvelamento da dimensão polêmica da narrativa. O texto poético mostra o caráter sempre relativo da verdade e múltiplos pontos de vista sobre uma dada realidade.

A linguagem em função estética, que caracteriza o texto literário, apresenta, em síntese, os seguintes traços: relevância do plano da expressão, intangibilidade da organização linguística, criação de conotações, desautomatização, plurissignificação.

Tudo isso permite dizer que o trabalho com a linguagem é levado ao seu mais alto grau na literatura, porém isso nada tem a ver com um conceito discursivo de estilo, já que, discursivamente, não se considera o estilo como a exploração das possibilidades da linguagem, mas recorrência e diferença, que estão presentes em todas as manifestações discursivas, inclusive na literatura.

CONCLUSÃO

A tradição de estudos estilísticos em língua portuguesa centra-se numa Estilística da língua, que busca examinar os recursos expressivos do idioma, passa por estudos de Estilística Literária, seja da Estilística idealista, seja da Estilística estrutural, e chega aos enfoques discursivos atuais. Nesse momento, o que se faz é uma tentativa de definir o estilo e operar uma análise estilística a partir de teorias do texto e do discurso, principalmente a Semiótica francesa e a Análise do Discurso de linha francesa. Nessa concepção, é preciso levar em conta, principalmente, os seguintes aspectos: a) o estilo é recorrência; b) é um fato diferencial; c) produz um efeito de sentido de individualidade; d) configura um *éthos* do enunciador, ou seja, uma imagem dele; e) é heterogêneo, seja no modo real de sua constituição (heterogeneidade constitutiva), seja na superfície textual (heterogeneidade marcada).

Com base nesses princípios, Norma Discini de Campos desenvolve, em *Semiótica e estilo* (2003), entre outras, duas ideias centrais: a) como se estabelecem as totalidades que configuram, no interior do universo discursivo, um estilo; b) como o estilo cria um *éthos* do enunciador.

Mostremos um pouco mais como desenvolve ela a ideia da criação do *éthos*. Aristóteles, na *Retórica*, trata de três grandes questões: o *lógos,* o *páthos* e o *éthos*. A primeira concerne à argumentação, a segunda, ao auditório e a terceira, ao orador. Diríamos, hoje, que a primeira diz respeito ao discurso, a segunda, ao enunciatário e a terceira, ao enunciador. Ao explicar o *éthos*, diz que o orador, ao falar, revela um caráter, um *éthos*, que é a mais importante das provas. Ele, no entanto, não se constrói naquilo que o orador diz de si mesmo, mas na maneira de dizer (I, 2, 1356a). Em termos atuais, diríamos que ele não se constrói no dito, mas no dizer; não se erige no enunciado, mas na enunciação. Como, porém, a enunciação não é da ordem do inefável, mas pode ser apreendida por marcas que estão no enunciado, é preciso mostrar o que são as marcas da enunciação no enunciado.

O primeiro *éthos* é o do orador sensato, ponderado, que recorre mais aos procedimentos do *lógos* que aos do *páthos* ou do *éthos* (em outras palavras, aos procedimentos discursivos); o segundo é o do orador desbocado, franco, rude, que comprova seus argumentos muito mais com a imagem de si mesmo que constrói no discurso; o terceiro é o do orador solidário com seu auditório, que sustenta seus pontos de vista principalmente com base nas paixões suscitadas nos ouvintes (II, 1, 1378a).

Dominique Maingueneau vai desenvolver essa concepção do *éthos*, mostrando que ele comporta um caráter (conjunto de traços "psicológicos"), um corpo (conjunto de características físicas) e uma voz. (2005: 69-92). Campos mostra como as marcas da enunciação no enunciado das totalidades configuradoras de um estilo criam caracteres, corpos e vozes.

Outros estudos ainda devem ser feitos, para que a noção de estilo seja plenamente integrada às teorias do discurso e ganhe nelas um significativo estatuto operacional.

NOTAS

[1] As ideias aqui expostas foram pensadas há algum tempo. Norma Discini de Campos, em tese intitulada *Semiótica e estilo*, feita sob minha orientação na Universidade de São Paulo, desenvolve-as, aperfeiçoa-as e comprova sua pertinência.

[2] Os termos discurso e texto estão sendo usados com o valor que lhes atribui a Semiótica francesa. Discurso é o nível do percurso gerativo de sentido, em que o sujeito da enunciação seleciona estruturas semionarrativas (por exemplo, opção entre a dimensão pragmática ou cognitiva da narrativa) e reveste-as com unidades mais complexas e concretas que as dos níveis anteriores, actorializando-as, temporalizando-as e espacializando-as e tematizando-as ou figurativizando-as. Texto é uma unidade de manifestação, em que um plano de conteúdo se une a um plano de expressão (cf. Greimas e Courtés, 1979).

BIBLIOGRAFIA

ANDRADE, Carlos Drummond de (1983). *Prosa e poesia*. Rio de Janeiro: Nova Aguilar.

ANDRADE, Mário de (1978). *Macunaíma: o herói sem nenhum caráter*. Rio de Janeiro: Livros Técnicos e Científicos; São Paulo: Secretaria da Cultura, Ciência e Tecnologia.

ARISTÓTELES (1991). *Rhétorique*. Paris: Librairie Générale Française.

MACHADO DE ASSIS (1979). *Obra completa*. Rio de Janeiro: Nova Aguilar.

AZEVEDO, Sânzio (2006). *Parnasianismo*. São Paulo: Global.

AUTHIER-REVUZ, J. (1982) Hétérogénéité montrée et hétérogénéité constitutive: éléments pour une approche de l'autre dans le discours. *DRLAV*, Paris, 26: 91-151.

_____ (1990). Heterogeneidade(s) enunciativa(s). *Cadernos linguísticos*. Campinas: Unicamp, 19: 25-42.

_____ (1995). *Ces mots qui ne vont pas de soi. Boucles réflexives et non-coïncidences du dire*. 2 v. Paris: Larousse.

BAKHTIN, Mikhail (1970a). *La poétique de Dostoïewski*. Paris: Seuil.

_____ (1970b). *L'oeuvre de François Rabelais et la culture populaire au Moyen Âge et sous la Renaissance*. Paris: Gallimard.

_____ (1992). *Estética da criação verbal*. São Paulo: Martins Fontes.

_____ (1979). *Marxismo e filosofia da linguagem*. São Paulo: Hucitec.

_____ (1988). *Questões de literatura e estética (a teoria do romance)*. São Paulo: Hucitec/ Editora da Unesp.

_____. (1999). *Discurso na vida e discurso na arte (sobre a poética sociológica)*. Trad. Carlos Alberto Faraco e Cristóvão Tezza, Curitiba, cópia xerox).

BALLY, Charles (1941). *El lenguaje y la vida*. Trad. Amado Alonso. Buenos Aires: Losada.

_____ (1952). *Traité de stylistique française*. Paris: Kliencksieck, 2 v.

BANDEIRA, Manuel (1973). *Estrela da vida inteira*. 4. ed. Rio de Janeiro: José Olympio.

_____ (1983). *Poesia completa e prosa*. Rio de Janeiro: Nova Aguilar.

BOSI, Alfredo (1975). *História concisa da literatura brasileira*. São Paulo, Cultrix.

BRUNEAU, Charles (1975). "Stylistique apliquée: une science de ramassage". In: GUIRAUD, P.; KUENTZ, P. *La stylistique. Lectures*. Paris: Kliencksieck.

CAMPOS, Norma Discini de (2001). *Semiótica e estilo*. Tese defendida na FFLCH-USP.

CASTRO, Eugênio de. (1974) "Um sonho". In: AMORA, A. Soares. *Presença da literatura portuguesa*. 4. ed. São Paulo: Difel.

COHEN, Jean (1974). *Estrutura da linguagem poética*. São Paulo: Cultrix/EDUSP.

CORREIA, Raimundo (1976). *Poesia*. 4. ed. Rio de Janeiro: Agir.

CRESSOT, Marcel (1974). *Le style et ses techniques*. 8. ed. Paris: PUF.

DIJK, T. A. van (1981). "The Pragmatics of Literary Communication". In: *Studies in the Pragmatic of Discourse*. The Hague: Mouton.

DISCINI, Norma (2003). *O estilo nos textos*. São Paulo: Contexto.

GREIMAS, A. J.; COURTÉS, J. (1979). *Sémiotique. Dictionnaire raisonné de la théorie du language*. Paris: Hachette.

_____. (1986). *Sémiotique. Dictionnaire raisonné de la théorie du language*. Tomo 2. Paris: Hachette.

LAPA, M. Rodrigues (1945). *Estilística da língua portuguesa*. Lisboa: Seara Nova.

MAINGUENEAU, Dominique (1983). *Sémantique de la polémique. Discours religieux et ruptures idéologiques au XVIIe siècle*. Lausanne: L'Age d'Homme.

_____ (1984). *Genèses du discours*. Bruxelas: Pierre Mardaga.

_____ (1987). *Nouvelles tendances en analyse du discours*. Paris: Hachette.

_____ (2005). Éthos, cenografia, incorporação. In: AMOSSY, Ruth. *Imagens de si no discurso: a construção do ethos*. São Paulo: Contexto, p. 69-92.

MAROUZEAU, J. (1969). *Précis de stylistique française*. Paris: Masson.

MARTINS, Nilce Sant'Anna (1989). *Introdução à estilística*. São Paulo: T. A. Queiroz/EDUSP.

MATTOSO CÂMARA JR, Joaquim (1977). *Contribuição à estilística portuguesa*. 3. ed. Rio de Janeiro: Ao Livro Técnico.

MELO, Gladstone Chaves de. (1976) *Ensaio de estilística da língua portuguesa*. Rio de Janeiro: Padrão.

RIFFATERRE, Michael (1973). *Estilística estrutural*. São Paulo: Cultrix.

MODALIZAÇÃO:
DA LÍNGUA AO DISCURSO

[...] o instinto dita o dever e a inteligência dá o pretexto para eludi-lo.
Proust

Vós o quisestes, vós o quisestes, Georges Dandin, vós o quisestes.
Molière

O que não puderes, seguramente te será perdoado; mas o que não quiseres, jamais.
Ibsen

OS CAMINHOS DA CONSTITUIÇÃO DE UMA TEORIA DAS MODALIDADES NA SEMIÓTICA FRANCESA

A Semiótica é uma teoria gerativa, porque concebe o processo de produção do texto como um percurso gerativo, que vai do mais simples e abstrato ao mais complexo e concreto, num processo de enriquecimento semântico. Isso significa que vê o texto como um conjunto de níveis de invariância crescente, cada um dos quais suscetível de uma representação metalinguística adequada. O percurso gerativo de sentido não tem um estatuto ontológico, ou seja, não se afirma que o falante, na produção do texto, passe de um patamar ao outro num processo de complexificação semântica. Constitui ele um simulacro metodológico, para explicar o processo de entendimento, em que o leitor precisa fazer abstrações, a partir da superfície do texto, para poder entendê-lo.

Por outro lado, a ideia do percurso gerativo de sentido parte da constatação de que é preciso explicar o fato de que o discurso é da ordem da estrutura e do acontecimento. Assim, é necessário detectar invariantes, mas também descrever a variabilidade histórica que reveste essas invariantes. O modelo não é genético, mas gerativo, ou seja, busca ser preditivo e explicativo.

O percurso gerativo é constituído de três patamares: as estruturas fundamentais, as estruturas narrativas e as estruturas discursivas. Vale relembrar que estamos no domínio do conteúdo. As estruturas discursivas serão manifestadas como texto, quando se unirem a um plano de expressão no nível da manifestação. Cada um dos níveis do percurso tem uma sintaxe e uma semântica.

Por razões históricas, o nível narrativo foi o mais bem explorado até hoje, o que não significa, porém, que os outros níveis não tenham tido desenvolvimento. Na primeira fase, a da constituição do percurso gerativo, a Semiótica aplica-se a estudar os simulacros da ação do homem no mundo presentes nas narrativas. Elabora assim uma teoria da performance. A narratividade é entendida como "uma transformação de estado, operada pelo fazer transformador de um sujeito que age sobre o mundo em busca de determinados valores investidos no objeto" (Barros, 1995: 85). Analisa os conflitos entre sujeitos que buscam o mesmo objeto. Para desenvolver essa teoria da ação, transformou a noção proppiana de função na noção de enunciado narrativo (Barros, 1995: 82-85). O conceito de função em Propp diz respeito a unidades sintagmáticas constantes sob a multiforme superfície das narrativas. A sucessão dessas invariantes constitui o relato. Essa noção foi precisada com o conceito de enunciado narrativo. Há dois tipos de enunciados elementares, o de estado e o de fazer, que derivam da existência de duas relações-função: a junção (conjunção e disjunção) entre um sujeito e um objeto e a transformação, que é a mudança de uma relação de junção. Dessa noção de enunciado narrativo decorre o fato de que é possível prever organizações hierarquizadas de enunciados. Estes organizam-se em programas narrativos (um enunciado de fazer regendo um enunciado de estado), em percursos narrativos (encadeamentos lógicos de programas narrativos em que um programa pressupõe outro) e em sequências narrativas (em que se organizam os percursos narrativos). Com isso, constrói-se uma sintaxe narrativa hierarquicamente organizada e não uma simples sucessão de unidades sintagmáticas, como previa o modelo proppiano. Nessa sintaxe, vai-se do programa ao percurso e deste à sequência, estabelecendo um modelo de previsibilidade da narrativa, que pode dar conta da especificidade de cada relato singular, dado que esses níveis são empregados recursivamente e que têm um desdobramento polêmico. De um lado, programas, percursos e sequências podem ser repetidos indefinidamente, encaixando-se, sucedendo-se, etc.; de outro, toda narrativa tem uma dimensão polêmica (cf. Barros, 1995: 83): a um sujeito corresponde um antissujeito; a uma apropriação, um desapossamento. Isso quer dizer que um relato pode ser feito de dois pontos de vista: um roubo pode ser contado do ponto de vista do ladrão ou da vítima; a história da Gata Borralheira pode ser relatada do ponto de vista da órfã submetida a duros trabalhos e da madrasta e suas filhas, do príncipe que procurava uma esposa e da moça que perdeu o sapatinho. Essa sintaxe vai do mais simples ao mais complexo.

Apesar do salto dado pela teoria narrativa proposta pela Semiótica, esse modelo apresenta uma limitação muito grande. Seu âmbito de aplicação são as narrativas da chamada pequena literatura (Barros, 1995: 85). Com efeito, um modelo que considera a narrativa como a busca de valores, como ação do homem no mundo, só pode aplicar-se àqueles textos que apresentem um componente pragmático muito forte: por exemplo, as narrativas folclóricas.

Ao compreender a limitação dada pelo alcance das aplicações, a Semiótica vai passar para uma segunda fase, em que vai interessar-se pela competência modal do sujeito que realiza a transformação. Nessa fase, as investigações incidem menos sobre a ação e mais sobre a manipulação (Barros, 1995: 85-88).

Parte-se da constatação de que só pode executar uma ação quem possuir prerrequisitos para isso, ou seja, de que o fazer exige condições prévias. Só pode realizar uma ação o sujeito que quer e/ou deve, sabe e pode fazer. É isso que se chama competência modal do sujeito. A modalização do fazer é a sobredeterminação de um predicado do fazer por outro predicado (querer/dever/saber/poder). Ao reconhecer isso, a Semiótica começa a realizar uma tipologia muito mais fina dos sujeitos. Pode haver sujeitos coagidos, que devem, mas não querem realizar uma ação; sujeitos que afrontam o sistema (heróis que agem sozinhos), que querem, mas não devem; sujeitos impotentes, que querem e/ou devem, mas não podem e assim por diante. Com a modalização do sujeito, a Semiótica passa a analisar também seu modo de existência: sujeitos virtuais, os que querem e/ou devem fazer, sujeitos atualizados, os que sabem e podem fazer; sujeitos realizados, os que fazem. Uma gama muito grande de textos passa agora a ser explicada pela teoria: aqueles em que há personagens sonhadoras, mas que são incapazes de passar à ação; aqueles em que há personagens realizadoras, etc.

Nessa fase, o estudo das modalizações está ainda muito ligado à ação, pois o que se investiga são as condições necessárias para sua realização. No entanto, isso representou um salto muito grande, pois, se se pensar não apenas no sujeito que tem sua competência modal alterada, mas naquele que realiza essa alteração, passa-se do estudo da ação ao da manipulação, ou seja, do fazer ao do fazer fazer. Agora, não se procura mais apenas explicar as relações entre sujeito e objeto, mas entre sujeitos, o que leva a uma concepção de narrativa como uma sucessão de estabelecimentos e rupturas de contratos (Barros, 1995: 86). Aqui começa todo um exame dos procedimentos de manipulação. Estudam-se a provocação, o desafio, a tentação, a sedução, a intimidação, etc. Por outro lado, começa-se a aprofundar o estudo dos mecanismos da sanção, seja ela cognitiva ou pragmática. Os percursos da manipulação e da sanção constituem a dimensão cognitiva da narrativa e enquadram sua dimensão pragmática.

Com o estudo da dimensão cognitiva, a Semiótica mostra que a organização da intersubjetividade é articulada por meio de estruturas polêmicas e contratuais. Por exemplo, enquanto a teoria marxista vê a História como uma estrutura polêmica (lembremo-nos de que o *Manifesto comunista* se inicia afirmando que a história da humanidade é a história da luta de classes), a concepção liberal enfatiza os aspectos contratuais da constituição do Estado. Além do exame dessas estruturas, o estudo da manipulação abre caminho para o estudo de sujeitos manipulados por sistemas de valores diferentes. Por exemplo, na tragédia clássica, o herói trágico sofre uma manipulação por valores contraditórios. Antígona deve optar entre a lei divina, que determinava que os mortos fossem sepultados, e a lei do Estado, que estatuía que quem morresse, lutando contra a cidade, deveria permanecer insepulto.

Apesar de o campo de textos abrangido por essa teoria narrativa ter aumentado, possuía ela ainda um problema em relação ao domínio de aplicação. A teoria narrativa explicava o que se poderiam chamar estados de coisas, mas não o que se denominaria estados de alma. Até este ponto de seu desenvolvimento, a teoria trabalha com textos em que há transferência de objetos tesaurizáveis ou com textos em que há estruturas diversas de manipulação e de sanção. No entanto, há narrativas que operam com outros tipos de objetos. *Dom Casmurro*, de Machado de Assis, não é um romance sobre a traição, mas sobre o estatuto veridictório dos fatos, sobre certezas e incertezas, sobre a criação do objeto e a atribuição subjetiva a ele de um valor de verdade; *Gobseck*, de Balzac, trata da avareza e dos prazeres proporcionados pela posse da riqueza; *Otelo*, de Shakespeare, aborda o ciúme e a manipulação dos estados de alma de outrem; *Il Gattopardo*, de Tommaso di Lampedusa, discute a recusa e a aceitação da mudança; o episódio do ferimento do príncipe Andrei, em *Guerra e Paz*, de Tolstoi, delineia o sutil problema da vergonha do medo e do medo da vergonha; o filme *Salò, os 120 dias de Sodoma*, de Pasolini, mostra como a exacerbação do medo faz ruírem as normas da vergonha. Poder-se-ia continuar a citar textos em que se trata de estados de alma, em que se discute o valor veridictório do objeto. Como operar com as "paixões de papel", os estados de alma narrados?

Para tratar dessa questão, a Semiótica passa por mais duas fases. A primeira examina as modalizações do ser (Barros, 1995: 88-91). Foi mostrado antes que, para a Semiótica, existem dois tipos de enunciados elementares: o de estado e o de fazer. O exame das modalidades do fazer levou ao estudo das condições modais necessárias para a realização da ação. No entanto, é preciso verificar que o sujeito de estado (um enunciado de estado estabelece uma relação de conjunção ou de disjunção com um objeto) pode ser também modalizado. Não se tem, nesse caso, modalizações do fazer (querer fazer, dever fazer, saber fazer, poder fazer), mas modalizações do ser (querer ser, dever ser, saber ser e poder ser). O sujeito de estado, por exemplo, quer entrar em conjunção com um dado objeto. Nesse caso, o objeto é desejável para o sujeito, enquanto ele é um sujeito desejoso. Por isso, poder-se-ia afirmar, com mais propriedade, que a modalização do estado incide sobre o objeto, ou mais particularmente, sobre o valor nele investido e que isso repercute sobre a existência modal do sujeito. É o objeto desejável que faz o sujeito desejoso; é o objeto impossível que faz o sujeito impotente e assim por diante.

Por outro lado, há um outro tipo de modalização do ser, que se diferencia, pelo lugar em que incide, daquela até agora exposta. Enquanto, no caso explicado no parágrafo anterior, a modalização recai sobre o objeto, neste caso, que passamos a expor, a modalização incide sobre a relação de conjunção ou de disjunção que liga sujeito e objeto. Trata-se de modalidades veridictórias e epistêmicas. As veridictórias articulam-se como estrutura modal em *ser* vs. *parecer* e aplicam-se à função-junção. Mostra-se que um enunciado *é* ou *parece ser*. No entanto, essa modalização não diz respeito a nenhuma relação referencial, mas a algo criado pelo texto. *Ser* é o estatuto veridictório exposto pela própria narrativa ou, em outros termos, pelo narrador; *parecer* é o estatuto veridictório atribuído a um estado por uma personagem. Seixas, personagem de *Senhora*, de Alencar, é visto como um homem rico (parece ser rico), mas o narrador mostra ao leitor que ele é o filho de uma modesta costureira (ser). Temos, então, uma mentira: ele não é rico, mas parece sê-lo. As modalidades veridictórias permitem estabelecer o estatuto veridictório dos estados: verdade, falsidade, mentira, segredo. Os enunciados modalizados veridictoriamente podem ser sobredeterminados pelas modalidades epistêmicas do *crer*: um sujeito crê que um estado parece verdadeiro ou é verdadeiro, etc. A modalização epistêmica resulta de uma interpretação, em que um sujeito atribui um estatuto veridictório a um dado enunciado. Nela, o sujeito compara o que lhe foi apresentado pelo manipulador com aquilo que sabe ou aquilo em que crê. O estatuto veridictório de um enunciado é dado por um julgamento epistêmico, em que o crer precede o saber, o que implica reconhecer o caráter ideológico da operação de interpretação. Para a Semiótica, crer e saber pertencem ao mesmo universo cognitivo e a distinção entre a adesão fiduciária, regida pelo crer, e a adesão lógica, comandada pelo saber, é o estabelecimento de uma separação entre dois tipos de racionalidade, que se confundem, se misturam, se entrecruzam na interpretação, quando aparecem situações, como em *Dom Casmurro*, de Machado de Assis, de verdade ou falsidade das certezas, de dúvida da verdade, etc. (Greimas, 1983: 115-133).

O estudo da modalização do ser permite estabelecer tipologias de culturas (por exemplo, há culturas que valorizam mais o querer do que o dever e outras que fazem o contrário), dar representações mais adequadas da aplicação dos códigos sociais de caráter normativo, como regras gramaticais, regras de polidez, etc. (nelas, combinam-se dever e saber: o excesso de zelo no código de polidez aproxima-se da hipercorreção em gramática, quando a um dever fazer não corresponde um saber fazer, mas um não saber fazer) (Greimas, 1983: 88-90).

Todo esse estudo das modalizações do ser passa ainda pelo exame das compatibilidades e incompatibilidades entre as modalidades. Por exemplo, o dever ser é compatível com o poder ser, ao passo que é incompatível com o não poder ser. Com efeito, o que é necessário deve ser compatível com o que é possível, mas não com o impossível. No entanto, cabe lembrar que as compatibilidades e as incompatibilidades nada têm a ver com o aparecimento de certas combinatórias modais nos textos. Os sujeitos de estado podem ser modalizados por modalidades compatíveis ou incompatíveis entre si. Um sujeito pode querer o que pode ser, mas pode querer o que não pode ser. A percepção dessas compatibilidades e incompatibilidades abre caminho para o estudo das paixões.

Chega-se, então, à quarta fase da Semiótica. A paixão é entendida, inicialmente, pela Semiótica como efeitos de sentido de qualificações modais que alteram o sujeito de estado, o que significa que é vista como um arranjo das modalidades do ser, sejam elas compatíveis ou incompatíveis. Por exemplo, a obstinação define-se como um querer ser aliado a um não poder ser, enquanto a docilidade reúne um querer ser a um poder ser. O obstinado é aquele que quer, apesar da impossibilidade evidente, enquanto o dócil limita-se a desejar o que é possível.

A história modal do sujeito de estado (transformações modais que vai sofrendo) permite estudar outros tipos de textos narrativos, aqueles fundados sobre um processo de construção ou de transformação do ser do sujeito e não apenas do seu fazer. Os efeitos de sentido passionais derivam de arranjos provisórios de modalidades, de intersecções e combinações entre modalidades diferentes. Por exemplo, a vergonha define-se pela combinação do querer ser, não poder não ser e saber não ser. Os arranjos modais que têm um efeito de sentido passional são determinados pela cultura.

A noção de paixão como arranjo de modalidades permite estabelecer uma diferença entre o atualizado (apreensão de um predicado do ponto de vista das condições de realização) e o realizado. A distinção entre *querer morrer* e *morrer* reside no fato de que, no primeiro, uma série de roteiros é possível, enquanto no segundo, não. A diferença entre o atualizado e o realizado permite, pois, estabelecer potencializações, o que possibilita analisar fatos que parecem contrariar a lógica narrativa (cf. Fontanille, 1995: 175-190). São exemplos disso o apego que perdura após a morte do ser amado, objeto de fina análise em *Memorial de Aires*, de Machado de Assis; o ciúme, sentimento indiferente ao fato de o outro ser fiel ou não.

RETOMADA DOS PONTOS PRINCIPAIS DA TEORIA SEMIÓTICA DAS MODALIDADES

A linguística tem, hoje, uma abordagem enunciativa da modalização. Confere-lhe o papel de exprimir a posição do enunciador em relação àquilo que diz (Pottier, 1992: 98). As modalidades são, então, definidas como predicados que sobredeterminam outros predicados. Como os tipos de predicados são dois, os de estado (ser) e os de transformação (fazer), há modalidades incidentes sobre os predicados de ser e de fazer. Dessa forma, os enunciados modais são hiperotáxicos em relação a enunciados descritivos.

Como o inventário das modalidades nas línguas naturais é bastante confuso, porque os sentidos se superpõem, é preciso utilizar um procedimento hipotético-dedutivo, para estabelecer as modalidades de base, ou seja, aquelas organizadas por procedimentos dedutivos independentemente dos lexemas modais das línguas naturais.

A definição das modalidades feita pela Semiótica (Greimas, 1983; Greimas e Courtés, 1979 e Fontanille e Zilberberg, 2001) é, ao mesmo tempo, paradigmática e sintagmática.

120

Paradigmaticamente, dois traços são levados em conta para a definição das modalidades de base: os modos de existência do sujeito e as relações entre o sujeito do predicado modal e o do predicado modalizado. A existência semiótica é dada pela relação do sujeito com um objeto. Em outras palavras, um sujeito só tem existência na medida em que está em relação com um objeto. Ora, um sujeito pode querer ou dever estar em relação com um objeto, poder ou saber estar em relação com um objeto ou estar em relação com um objeto. Ademais, deve ele preliminarmente crer na sua competência, ou seja, no seu desejo, nas suas obrigações, nas suas possibilidades, etc. Assim, temos quatro modos de existência do sujeito: o potencial, o virtual, o atualizado e o realizado. Esses modos determinam a existência de quatro tipos de modalidades: as potencializantes (o crer), as vitualizantes (o querer e o dever), as atualizantes (o saber e o poder) e as realizantes (o ser e o fazer). O outro traço é a relação entre o sujeito do predicado modal e o do predicado modalizado. Temos aqui dois tipos de relações: transitiva, a que liga enunciados que têm sujeitos distintos; reflexiva, a que liga sujeitos idênticos. A partir desse critério, há modalidades endógenas (reflexivas) e exógenas (transitivas).

O quadro completo das modalidades de base seria (Fontanille e Zilberberg, 2001: 256):

	Potencializantes	Virtualizantes	Atualizantes	Realizantes
Endógenas	Assumir	Querer	Saber	Ser
Exógenas	Aderir	Dever	Poder	Fazer
	Crenças	Motivações	Aptidões	Efetuações

É preciso entender bem o que está sendo considerado transitivo ou reflexivo. Nada tem a ver com os enunciados realizados nas línguas naturais, mas com o fato de que, do ponto de vista hipotético-dedutivo, assumir é um movimento de crença do interior; enquanto aderir é movimento para o exterior; querer é algo que diz respeito à autonomia do sujeito, enquanto o dever concerne à heteronomia, ou seja, a dois sujeitos distintos, e assim sucessivamente.

Sintagmaticamente, as modalidades podem incidir sobre os dois tipos de enunciado de base: o ser e o fazer. O predicado modal é definido por sua função táxica, por sua visada transitiva, suscetível de atingir um outro enunciado como objeto. Os enunciados do ser e do fazer podem, assim, assumir a função de enunciados modais ou descritivos, o que significa que esses enunciados elementares podem modalizar-se a si mesmos. Temos, assim, as seguintes possibilidades modais: fazer ser é a transformação narrativa de um estado em outro; ser do fazer são as condições requeridas para realização da ação; fazer fazer é o conjunto de modalidades factitivas que levam à ação; ser ser são as modalidades veridictórias que determinam a verdade, mentira, falsidade ou segredo de um estado. Sobre essas modalizações de base atuam sobremodalizações, quando o crer, o querer, o dever, o saber e o poder modalizam os enunciados elementares (Greimas, 1983: 67-91).

Uma categoria modal qualquer, por exemplo, o dever fazer, é suscetível de ser projetada no quadrado semiótico, o que estabelece a seguinte estrutura modal: dever fazer, dever não fazer, não dever fazer e não dever não fazer. Essa estrutura modal torna-se um valor modal, quando recebe uma definição taxionômica. Tomemos, por exemplo, o dever ser: dever ser = necessidade; dever não ser = impossibilidade; não dever não ser = possibilidade; não dever ser = contingência. Esse procedimento de estruturação modal e de criação de valores modais pode ser aplicado a cada uma das categorias modais (1983: 77-79).

Temos, então, as seguintes modalidades simples: fazer fazer, modalidades factitivas; ser ser: modalidades veridictórias, que articulam o ser e o parecer, estabelecendo a seguinte estrutura modal: ser + parecer = verdade; não ser + não parecer = falsidade; não ser + parecer = mentira; não parecer + ser = segredo. As sobremodalizações são as que seguem: modalidades volitivas concernem seja ao querer fazer, seja ao querer ser; modalidades deônticas dizem respeito ao dever fazer e ao poder fazer; modalidades aléticas referem-se ao dever ser e ao poder ser; modalidades epistêmicas concernem ao saber fazer, ao crer fazer, ao saber ser, ao crer ser.

É preciso explicar por que dever fazer e poder ser constituem modalidades deônticas e dever ser e poder ser, modalidades aléticas. Constituem necessidade tanto o dever ser, quanto o não poder não ser; a possibilidade é indicada pelo poder ser e não dever não ser; a impossibilidade, pelo dever não ser e o não poder ser; a contingência, pelo não dever ser e poder não ser. As mesmas homologações podem ser feitas em relação às modalidades deônticas. A prescrição é manifestada pelo dever fazer e não poder não fazer; a interdição, pelo dever não fazer e não poder fazer; a permissão, pelo não dever não fazer e poder fazer; a facultatividade, pelo não dever fazer e poder não fazer. Apesar dessas homologações, essas duas modalidades não expressam a mesma coisa. No que tange ao dever e ao poder ser, a diferença é que, no primeiro, temos como que um determinismo do espírito e, no segundo, um determinismo das coisas. A necessidade expressa pelo dever ser é proveniente do sujeito, enquanto a manifestada pelo poder é advinda do objeto (Greimas, 1983: 85). Comparem-se, por exemplo: *Isso deve ser assim* e *Isso não pode não ser assim*. A mesma distinção poderia ser proposta para o dever e o poder fazer. *Você deve fazer isso* indica prescrição advinda do sujeito; enquanto *Você não pode não fazer isso* quer dizer que a prescrição deriva de uma resistência do mundo.

A MANIFESTAÇÃO LINGUÍSTICA DAS MODALIDADES

As modalidades podem ser expressas por meios lexicais ou por meios gramaticais. Todas as palavras lexicais podem manifestar modalidades. Tomemos alguns exemplos:

a) substantivos:

crer ser: Tenho *certeza* de que ela não o teria deixado (AC);[1]

não crer ser: A *incerteza* pouco a pouco esmoreceu, convenci-me (MEC);

não dever fazer: A novidade está na *proibição* de exercer cargos públicos (CPO);

não dever não fazer: tinham *permissão* de transitar pela Avenida (ANA);

poder ser: nem sempre os hospitais têm *possibilidade* de realizar culturas e antibiogramas (ANT);

não poder ser: os industriais do açúcar alegaram a *impossibilidade* de conceder o aumento (AR-O);

dever ser: bastariam para evidenciar a *necessidade* de uma educação específica na adolescência (AE).

b) adjetivos, principalmente quando núcleos de uma oração principal de uma oração subordinada substantiva subjetiva:

dever ser: É *necessário* ser funcionário público para saber o quanto é difícil suportar tudo isso (AR-O);

não poder ser: os patrões dizem que é *impossível* pagar mais do que isso (AP);

poder ser: Esse tipo de regulação só é *possível* num sistema circulatório fechado (FIA);

poder não ser: O ponto crucial no modelo é que T3 é *contingente* e depende da condição posta em T2;

não poder fazer: Ao atleta *não é permitido* usar as mãos e os braços (BF);

não querer ser e dever ser: Essas medidas resultaram, inclusive, no aumento *indesejável*, mas *necessário*, das contribuições dos patrões (JK-O);

dever ser: É *indispensável* substituir um aminoglicosídeo (AM-O);

dever não ser: (Isso) é *irrealizável* (PRO);

não poder ser e não dever não ser: obrigando o presidente Figueiredo a entrar diretamente na disputa entre o *impossível* e o *realizável* (VEJ);

não dever ser: é *fortuito* o aparecimento de uma face especial;

não poder não ser: o resultado *inelutável* será a miséria;

saber não ser: É *ilusório* esperar uma ação convicta (JK-O);

saber ser: Assim, é *verdadeiro* o juízo confirmado pela sensação (MA);

crer ser: É *evidente* que não tendes nenhuma pretensão à Santidade (AM-O).

c) verbos, principalmente aqueles que, tendo um complemento infinitivo ou oracional, não são aspectualizadores como *começar, acabar de*, etc.:

não saber fazer: *não saber* dançar é uma merda (OE);

crer não ser: Machado de Assis *recusa* a hipótese de Teófilo Braga (ESS);

não crer não ser: *admite* que viu o casaco (BF);

não crer ser: *Duvida-se* que os Estados Unidos terão os dez projéteis (CRU);

querer ser: É certo que *gosto* de cobras e de mulheres (BU);

não querer ser: *não quero* ser grosseira (AQ);

dever fazer: (a mensagem) *determina* que ninguém vai ganhar menos que o salário mínimo regional (CB);

não dever fazer: Ontem mesmo você me *proibiu* de lhe dirigir a palavra;

poder fazer: o Governo *facultou* aos industriais que se submetessem a certas exigências de capitalização própria e de nacionalização gradativa dos veículos (JK-O);

dever ser: Você me *tem de* ser grato! (A).

Outra classe de palavras que pode manifestar modalidades é a dos advérbios.

dever ser: Na Europa, Portugal será *necessariamente* o interlocutor mais próximo do Brasil (COL);

poder ser: *possivelmente* já tomara o vapor em Fortaleza (BH);

dever fazer: farmácias que não estiverem de plantão, *obrigatoriamente*, fecharão suas portas às 20 horas (FSP);

crer ser: *Talvez* ele venha (FSP).

Certos autores dizem que a interrogação, a afirmação, etc. são modalidades (Charaudeau, 1992: 591). Na verdade, a organização das frases em declarativas, interrogativas, imperativas e optativas são manifestações das modalidades básicas:

saber ser: Ele veio;
saber não ser: Ele não veio;
dever fazer: Venha aqui!;
não saber ser: Ele veio?;
querer ser: Oxalá ele venha!

Não procede a afirmação de muitos autores de que a diferença básica entre uma pergunta real e uma pergunta retórica está no fato que a primeira indica um desejo verdadeiro de saber, enquanto, na segunda, temos um artifício, porque o falante que pergunta já conhece a resposta. Essa distinção só tem sentido numa concepção empirista da linguagem. Do ponto de vista dos efeitos de sentido, há sempre um não saber ser, seja em relação ao conteúdo, seja ao conhecimento do ouvinte.

Outra forma gramatical de expressar as modalidades do saber e do crer é a utilização do indicativo e do subjuntivo. O primeiro indica um saber ser ou um crer ser, enquanto o segundo expressa um não saber ser, um não crer ser, um saber não ser ou um crer não ser. Nossas gramáticas dizem que o subjuntivo deve ser utilizado, principalmente (cf. Cunha, 1972: 318-322; Bechara, 1999: 280-283), nas orações substantivas, depois de expressões que indicam modalidade (ordem, vontade, consentimento, aprovação, proibição, desejo, probabilidade, etc.); nas orações adjetivas, depois de um predicado negativo; nas adverbiais causais introduzidas por *não que* ou *não porque;* nas concessivas; nas finais. Não foram mencionados os casos em que as próprias gramáticas dizem que se exprime uma hipótese e não um fato real, porque essa é a distinção entre o subjuntivo e o indicativo. Na verdade, esses casos são tendências gerais, pois, sempre, no português brasileiro, pode-se usar tanto o subjuntivo quanto o indicativo, como manifestações da modalidade do saber ou do crer:

saber ser: Espero um carro que me *leva* para casa;
não saber ser: Espero um carro que me *leve* para casa;
saber ser: Eles devem manter a liderança interzonal por muito tempo ainda, se bem que *se fala* com algum entusiasmo no futuro (ANB);
crer ser: Se *queremos* reconhecimento, temos que trabalhar;
não crer ser: Se os intelectuais *fossem* bons governantes, teríamos o melhor presidente do mundo.[2]

Alguns tempos verbais servem para expressar modalidades epistêmicas ou deônticas:

não saber ser. Ele *terá* uns cinquenta anos;
dever fazer. Honrarás pai e mãe;
não saber ser. *Moraria* ele em São Paulo há uns quatro anos.

Em oposição às demais modalidades, que são categóricas, as modalidades epistêmicas são graduais. Assim, há uma gradação que vai do certo ao excluído, passando pelo provável, pelo possível, pelo plausível, pelo duvidoso, pelo contestável, pelo improvável. Poder-se-ia objetar mostrando que dizemos *isso é mais ou menos possível*, o que indicaria que a gradualidade atinge também outras modalidades. No entanto, se observarmos, com mais atenção esse fato, veremos que o que é atingido pela gradualidade é a modalidade epistêmica: o enunciador não sabe se é possível (poder ser). A explicação da diferença entre subjuntivo e indicativo não deve, assim, ser buscada na categorialidade epistêmica, como pode ter dado a impressão, quando tratamos anteriormente da distinção entre os dois modos, mas em sua gradualidade.

A modalização pode atingir a enunciação ou o enunciado. Por exemplo, quando se diz *Lamentavelmente, você é um mau aluno*, o que está sendo modalizado pelo não querer fazer e pelo dever fazer é o ato de enunciação. Quando se diz *É possível que ele venha*, é o ato de vir expresso no enunciado é que está sendo modalizado pelo poder ser.

Diversas modalidades podem aparecer na mesma frase e mesmo pode haver uma sobremodalização de uma por outra:

> Contudo, nesse nível, é preciso que se reconheça que ainda estamos no domínio do projeto, de um projeto certamente desejável e viável (IP).

Ser preciso modaliza pelo dever ser a oração subordinada substantiva subjetiva; o verbo *reconhecer* dá um estatuto epistêmico de não crer não ser à oração subordinada substantiva objetiva direta; *desejável* e *viável* modalizam projeto, respectivamente, pelo querer ser e pelo saber ser e a eles o advérbio *certamente* confere o estatuto epistêmico crer ser. A oração declarativa modaliza a totalidade do dizer pelo saber ser.

A MODALIDADE
COMO PROCESSO DISCURSIVO

As modalidades, quaisquer que elas sejam, podem apresentar compatibilidades e incompatibilidades combinatórias. Quando tomamos, por exemplo, o dever ser, veremos que corresponde ele ao não poder não ser; o dever não ser, ao não poder ser; o não dever não ser, ao poder ser; o não dever ser, ao poder não ser. A mesma correspondência pode ser estabelecida entre o dever fazer e o poder fazer. Temos outras compatibilidades: assim, se um dever fazer corresponde a um querer fazer, não há qualquer conflito. No entanto, os textos podem apresentar também incompatibilidades modais: por exemplo, combinar um querer fazer a um não poder fazer. A modalização como procedimento discursivo é o estabelecimento de percursos modais no texto, estabelecidos a partir dessas compatibilidades e de incompatibilidades.

As manifestações linguísticas das modalidades servem de pistas para a compreensão da discursivização das modalidades. Tome-se, por exemplo, o poema *Belo Belo*, de Manuel Bandeira:

> Belo Belo minha bela
> Tenho tudo que não quero
> Não tenho nada que quero
> Não quero óculos nem tosse
> Nem obrigação de voto
> Quero quero
> Quero a solidão dos píncaros
> A água da fonte escondida
> A rosa que floresceu
> Sobre a escarpa inacessível
> A luz da primeira estrela
> Piscando no lusco-fusco
> Quero quero
> Quero dar a volta ao mundo
> Só num navio de vela
> Quero ver Bagdá e Cusco
> Quero quero
> Quero o moreno de Estela
> Quero a brancura de Elisa
> Quero a saliva de Bela
> Quero as sardas de Adalgisa
> Quero quero tantas coisas
> Belo belo
> Mas basta de lero-lero
> Vida noves fora zero
> (1983: 281)

O poeta começa por declarar que tem o que não quer e não tem o que quer. É um sujeito modalizado, portanto, pelo não querer ser e não pelo querer ser. Mais ainda, está modalizado não pelo querer ser, mas pelo dever ser, pela necessidade, e não deseja essa modalização (Não quero óculos nem tosse/ Nem obrigação de voto). O que deseja é o impossível, o que não pode ser: a solidão dos píncaros, a água da fonte escondida, a rosa que floresceu sobre a escarpa inacessível, a luz da primeira estrela, piscando no lusco-fusco, dar a volta ao mundo só num navio de vela, ver Bagdá e Cusco. Poder-se-ia dizer que não se pode pôr *rever Pernambuco* no paradigma das impossibilidades. No entanto, no espírito do querer ser o que não pode ser, deve-se entender *rever Pernambuco*, como rever o Pernambuco da infância. Continua o rol dos desejos impossíveis, quando deseja uma característica de cada uma das mulheres que teve. Mas o poema mostra que desejar o impossível não permite que se passe da virtualidade à realidade, é uma fixação na virtualidade (Mas basta de lero-lero/ Vida noves fora zero).

A discursivização das modalidades permite o aparecimento e a análise das paixões de papel. A título de exemplo das possibilidades a que chegou a Semiótica com o estudo das paixões, vamos analisar, de maneira ainda pouco formalizada, para que o entendimento seja maior, alguns percursos patêmicos do conto *Noite de almirante*, de Machado de Assis (1979, v. II: 446-451). O conto é bastante complexo do ponto de vista dos estados de alma nele desenvolvidos, porque entrelaça modalidades que incidem sobre o objeto com modalidades veridictórias e mostra que os sujeitos têm existência modal diferente.

O marinheiro Deolindo, ao voltar de uma longa viagem de instrução, "levava um grande ar de felicidade aos olhos", porque uma "noite de almirante" o esperava em terra. Três meses antes de começar a viagem, conhecera Genoveva, ambos apaixonaram-se perdidamente e ele partira em viagem, depois de um "juramento de fidelidade" recíproca. Há aqui uma situação de espera fiduciária. Deolindo quer estar em conjunção com a fidelidade e crê que Genoveva deve, por força do contrato, realizar a conjunção desejada. A espera não é tensa, pois o sujeito não apresenta o efeito patêmico da aflição. Ao contrário é relaxada, pois Deolindo está feliz. A felicidade é um efeito de satisfação produzido pelo saber poder ser (possível) a conjunção desejada. Ao mesmo tempo, essa paixão indica que Deolindo tinha confiança (crer ser) em que Genoveva cumpriria o contrato.

O narrador modaliza o ato de celebração do contrato como verdadeiro. "Não havia descrer da sinceridade de ambos: ela chorava doidamente, ele mordia o beiço para dissimular".

128

Quando Deolindo, depois de descer a terra, chega à casa em que morava Genoveva, "a velha Inácia" diz-lhe que ela estava com outro, residindo na Praia Formosa. Altera-se, então, a existência modal de Deolindo. Agora, sabe que Genoveva não cumpriu o contrato, mantendo a fidelidade. O sujeito crédulo e confiante passa a ser um sujeito insatisfeito e decepcionado. Aparece o sentimento de falta. Adquire, então, uma outra competência modal: querer fazer o mal. Assim, começa o percurso da reparação da falta: o da vingança. "As ideias marinhavam-lhe no cérebro, como em hora de temporal, no meio da confusão de ventos e apitos. Entre elas, rutilou a faca de bordo, ensanguentada e vingadora".

Quando Deolindo chega à Praia Formosa, Genoveva recebe-o com maneiras francas. Novamente, entram em cena as modalidades veridictórias. Genoveva não tem o que esconder, está no domínio da verdade (ser + parecer). Deolindo volta a ter esperança, reassume a confiança. A velha poderia ter mentido ou ter-se enganado, relatando um parecer que não corresponde a um ser, fazendo uma interpretação não verdadeira dos fatos. Altera-se sua existência modal. Crê poder realizar a conjunção desejável. Mas Genoveva não manifesta "nenhuma comoção nem intimidade", ou seja, mantém-se indiferente e distante.

Diante desse estado passional, altera-se novamente a existência modal de Deolindo. Passa do crer ao não crer poder realizar a conjunção desejada. Com isso, ressurge o querer vingar-se. "Em falta de faca, bastavam-lhe as mãos para estrangular Genoveva, que era um pedacinho de gente, e durante os primeiros minutos não pensou em outra coisa". Contém seu desejo e diz-lhe que sabia tudo. Ela não mente. Deolindo tem um ímpeto, o querer vingar-se retorna novamente; ela o faz parar com a ação dos olhos; diz-lhe que, "se lhe abrira a porta, é porque contava que era homem de juízo", isto é, que não se deixava levar por estados patêmicos intensos. Em seguida, conta-lhe o amor que sentira por ele, mas diz que seu coração mudara. Mudara o objeto de seu querer. O narrador modaliza veridictoriamente suas palavras dizendo: "Não sorria de escárnio. A expressão das palavras é que era uma mescla de candura e cinismo, de insolência e simplicidade, que desisto de definir melhor. Creio até que insolência e cinismo são mal aplicados. Genoveva não se defendia de um erro ou de um perjúrio; não se defendia de nada; faltava-lhe o padrão moral das ações". O que ela diz é verdadeiro, pois ela crê não ser culpada de nada. Por isso, não quer criar um parecer que oculte o ser.

A questão da culpa distingue as duas personagens. Elas veem o contrato firmado entre elas de maneira diferente. Para Deolindo, o juramento é aspectualizado durativamente ("O pobre marujo citava o juramento de despedida como uma obrigação eterna"). Ao rompê-lo, Genoveva fora perjura e ingrata, pois passara a querer não fazer o bem a quem devia obrigação. A gratidão é uma paixão de benevolência que se articula numa reciprocidade. Para Genoveva, o juramento é aspectualizado com a pontualidade. Não poderia ser perjura, porque "quando jurou era verdade". Não era ingrata, pois a gratidão implica que se esteja obrigado a alguém e ele, durante a viagem, não devia ter-se lembrado dela ("E ele que tanto enchia a boca de fidelidade, tinha-se lembrado dela por onde andou?"). Ela crê que ele pode não ter mantido o contrato, o que também a desobrigaria de cumpri-lo. A resposta dele foi dar-lhe um pacote de presentes onde estavam uns brincos. Ela ficou confusa, por "receber um mimo a troco de um esquecimento". Está, então, modalizada por um saber que Deolindo não pode não ter mantido o juramento e por saber que ela não o manteve. Ao mesmo tempo, tem as paixões da satisfação (contentamento e deslumbramento) por saber que está em conjunção com a fidelidade de Deolindo, figurativizada pelos brincos.

Renasce a esperança em Deolindo. De novo, transforma-se sua existência modal. Passa do não crer ao crer poder realizar a conjunção desejada. As razões para esse ressurgir da esperança estão no fato de pensar que o juramento pode ser aspectualizado com a pontualidade e, nesse caso, se ele fora violado quando estava ausente, pode ser rompido, estando o outro ausente, ou com a duratividade e, então, não seria negado, dado que talvez ela não tivesse jurado nada ao outro.

Ela pede que Deolindo lhe conte as aventuras que vivera em terras longínquas. Demonstra um enorme interesse por elas. Ela está modalizada por um querer saber. Quando Deolindo percebe que o objeto de sua solicitude eram seus relatos e não ele, passa novamente a um estado de crer não poder ser ("A esperança [...] começava a desampará-lo").

Ela mostra a uma amiga os brincos que ele lhe dera. Esta elogia muito o presente. Deolindo tem um momento de satisfação, sabe ter podido realizar uma conjunção desejada ("durante alguns segundos, saboreou o prazer exclusivo e superfino de haver dado um bom presente; mas foram só alguns segundos").

Sai cabisbaixo e lento, sem o ímpeto com que chegara. Estava tomado pelo estado patêmico da infelicidade, por um saber não poder ser. Mas que é que ele não podia ser? A resposta virá em seguida. Genoveva entrou em casa alegre e barulhenta, estava modalizada por um saber poder ser. Conta à amiga que ele dissera que iria suicidar-se. De certa forma, suicidar-se era realizar a vingança desejada, pois infligiria a Genoveva a dor do remorso, reequilibrando,

130

assim, a situação patêmica. Diante do espanto da amiga, Genoveva mostra que sabe que ele não pode fazer o que prometera, pois não é dotado das paixões fortes e durativas que levam o sujeito a tornar-se competente para a vingança, aquelas que o modalizam com o poder fazer. Ao contrário, é apenas dotado das paixões fracas da malevolência, que instauram um sujeito operador com a modalidade do querer vingar-se, mas não o atualizam com o poder vingar-se ("Qual o quê! Não se mata, não. Deolindo é assim mesmo, diz as cousas, mas não faz. Você verá que não se mata. Coitado, são ciúmes."). No ciúme, há um não querer não ser, isto, não querer não estar em conjunção com um objeto amado. Deolindo é modalizado pelo querer, mas não pelo poder, é aspectualizado pela pontualidade (ímpeto), mas não pela duratividade (persistência), é modulado pela baixa intensidade.

No dia seguinte, diante de seus colegas, Deolindo manifesta o estado patêmico da satisfação, derivado do saber estar em conjunção com o objeto desejado. Nota, no entanto, o narrador que se trata de uma mentira. Deolindo parece satisfeito, mas não está. Por que mentiu? Porque parece que tivera vergonha da realidade. Vergonha é "um sentimento penoso de sua inferioridade, de sua indignidade ou de sua humilhação diante de outrem, de seu rebaixamento na opinião dos outros". Deriva de uma sanção cognitiva negativa, a reprovação própria ou alheia. Essa reprovação gera a vergonha. A vergonha é, assim, um estado de alma da ordem do saber: o sujeito sabe que não possui a competência para um fazer exigido pelo simulacro de membro de um determinado grupo social ou que fez algo em desacordo com a deontologia grupal. Por outro lado, é preciso também que esse sujeito aceite esse simulacro ou essa deontologia como um ideal a ser seguido, pois, se não dá nenhuma importância a eles, não será atingido pelo sentimento de vergonha. Assim, é necessário, para que esse estado de alma ocorra, que o dever fazer e o dever ser se tornem também um querer fazer e um querer ser. Se o sujeito é modalizado por um não querer, age diferentemente do simulacro sem ser atingido pela vergonha. Aparecem, então, os comportamentos atrevidos e insolentes. O sintagma modal do efeito patêmico da vergonha é dever ser/fazer; querer ser/fazer; saber não poder ser/fazer ou saber (outro) saber que a competência requerida pelo simulacro não existe ou que a performance não corresponde ao dever.

Voltemos a Deolindo. Diz o narrador: "A verdade é que o marinheiro não se matou. No dia seguinte, alguns dos companheiros bateram-lhe no ombro, cumprimentando-o pela noite de almirante, e pediram-lhe notícias de Genoveva, se estava mais bonita, se chorara muito na ausência, etc. Ele respondia a tudo com um sorriso satisfeito e discreto, um sorriso de pessoa que viveu uma grande noite. Parece que teve vergonha da realidade e preferiu mentir". A vergonha de Deolindo opera sob o signo do segredo. Ele faz uma sanção negativa de sua performance de não se vingar. Não realiza a vingança, porque não possui a modalidade atualizante do poder fazer, que seu grupo social atribui ao homem. A traição da mulher deve implicar necessariamente a vingança realizada pelo homem. Deolindo, porém, é dotado apenas das paixões fracas do querer. Para não permitir que sua vergonha seja exposta, opta pela mentira. No nível do parecer, mostra satisfação; no do ser, insatisfação e decepção. A decepção, entretanto, não é com Genoveva, mas consigo mesmo.

A análise de textos de diferentes épocas e culturas que pintam paixões de papel (o ciúme, a avareza, a cólera, a indiferença, etc.) mostrou que as paixões variam de uma cultura para outra, de uma época para outra. Por exemplo, a configuração da avareza é distinta em Molière e Balzac. Enquanto no primeiro, o avaro caracteriza-se pelo entesouramento, no segundo, aparece algo que é próprio da formação social capitalista, a ideia de que o dinheiro produz dinheiro. Isso significa que, embora as paixões se caracterizem fundamentalmente pelo arranjo das modalidades, a modalização não é suficiente para produzir efeitos passionais, pois as mesmas organizações modais podem gerar ou não sentidos patêmicos. Ora, isso obriga a introduzir novos elementos teóricos. A dimensão passional permite analisar, por meio dos procedimentos da convocação enunciativa, a retomada do contínuo no discurso. As configurações modais estão sobredeterminadas por uma modulação, que gera efeitos de sentido patêmicos. Passa-se, no estudo do componente patêmico, da modalização à aspectualização e à intensidade. O conceito de aspectualização, entendida não apenas como processo linguístico, mas como processo discursivo, não é somente uma sobredeterminação do tempo, mas uma sobredeterminação de todas as categorias de enunciação, o tempo, o espaço e a pessoa. Aparece também o conceito de foria, que, conjugando a intensidade e a extensão, produz, ao projetar-se no espaço e no tempo, efeitos de andamento e de ritmo discursivos. O estudo das paixões passa a convocar, simultaneamente, grandezas, em geral, discretas e categoriais (modalizações) e grandezas contínuas e articuladas (aspectualização e intensidade).

A aspectualização caracteriza tipos passionais: por exemplo, temos as paixões da durabilidade, como o ressentimento; paixões da pontualidade, como a ira; paixões da perfectividade, como o remorso. Ao mesmo tempo, as paixões apresentam uma intensidade. A depressão exibe um andamento lento, enquanto a agitação tem um andamento acelerado. O avaro é modalizado por um querer ser, mas um querer ser que ultrapassa o simples querer não gastar. Distingue-se do econômico, porque a economia do avaro vai além do necessário. É uma economia excessiva, desnecessária, incoerente. A impulsividade define-se por um querer fazer e, ao mesmo tempo, pela incoatividade e pela intensidade.

Estudada dessa maneira, a paixão não se opõe à razão, mas constitui uma forma de racionalidade discursiva, permitindo analisar, de maneira bastante fina, a aspectualização, a intensificação e a quantificação, consideradas não como categorias da língua, mas como procedimentos de discursivização. Na medida em que o contínuo e suas modulações passam a fazer parte da teoria, ultrapassa-se o estruturalismo, fundado no discreto e no categorial.

Finalmente, é preciso dizer que, no discurso, grandes blocos narrativos podem ser a manifestação das modalidades. Histórias de detetives, por exemplo, constituem basicamente uma narrativa do estabelecimento da modalidade veridictória da verdade. Temos um criminoso, que está modalizado veridictoriamente como secreto, e o detetive vai desvelar o segredo, transformando-o em verdade. Textos publicitários apresentam-se explicitamente como regidos pela modalidade factitiva. As narrativas de aprendizagem são manifestações da aquisição da modalidade do saber fazer e do saber ser. Toda a narrativa do filme *Os caçadores da arca perdida* constitui a busca de um poder fazer, dado que a posse da arca da aliança daria o poder vencer os inimigos.

Uma teoria do discurso precisa de uma teoria forte das modalidades, pois a modalidade é inerente ao ato de dizer e, portanto, um elemento indispensável para a compreensão da discursivização.

NOTAS

[1] Todos os exemplos desta parte foram tirados do *corpus* do projeto do *Dicionário de usos do português*, coordenado por Francisco da Silva Borba.

[2] Evidentemente, o uso do subjuntivo merece um estudo mais detalhado, que não pode ser feito nos limites deste livro. A afirmação de que o subjuntivo não é categórico, mas opcional, precisa ser comprovada com mais exemplos reais.

BIBLIOGRAFIA

BANDEIRA, Manuel (1983). *Poesia completa e prosa*. Rio de Janeiro: Nova Aguilar.

BARROS, D. L. Pessoa de (1995). "Sintaxe narrativa". In: OLIVEIRA, A. C.; LANDOWSKI, E. *Do inteligível ao sensível. Em torno da obra de Algirdas Julien Greimas*. São Paulo: EDUC, p. 81-97.

BECHARA, Evanildo (1999). *Moderna gramática portuguesa*. Rio de Janeiro: Lucerna.
CHARAUDEAU, Patrick (1992). *Grammaire du sens et de l'expression*. Paris: Hachette.
CUNHA, Celso (1972). *Gramática do português contemporâneo*. Belo Horizonte: Bernardo Álvares.
FONTANILLE, J. (1995). Le tournant modal en sémiotique. *Organon. Revista do Instituto de Letras da Universidade Federal do Rio Grande do Sul*, 23: 175-190.
_____; ZILBERBERG, Claude (2001). *Tensão e significação*. São Paulo: Discurso Editorial/Humanitas.
GREIMAS, Algirdas Julien (1983). *Du Sens II*. Paris: Seuil.
_____; COURTÉS, Joseph (1979). *Sémiotique. Dictionnaire raisonné de la théorie du langage*. Paris: Hachette, v. I.
_____; _____ (1986). *Sémiotique. Dictionnaire raisonné de la théorie du langage*. Paris: Hachette, v. II.
_____; FONTANILLE, Jacques (1993). *Semiótica das paixões. Dos estados de coisas aos estados de alma*. São Paulo: Ática.
MACHADO DE ASSIS (1979). *Obra completa*. Rio de Janeiro: Nova Aguilar, v. II.
POTTIER, Bernard (1992). *Théorie et analyse en linguistique*. Paris: Hachette.

PARTE III

SEMÂNTICA DAS CATEGORIAS DA ENUNCIAÇÃO

O *ÉTHOS* DO ENUNCIADOR

No que narrei, o senhor talvez até ache, mais do que eu, a minha verdade.
Guimarães Rosa

Ler um livro é desinteressar-se a gente deste mundo comum e objetivo para viver noutro mundo [...]. No tapete voador só há lugar para dois passageiros: leitor e autor.
Augusto Meyer

Benveniste mostra que a enunciação é a instância do *ego, hic et nunc*. O *eu* é instaurado no ato de dizer: *eu* é quem diz *eu*. A pessoa a quem o *eu* se dirige é estabelecido como *tu*. O *eu* e o *tu* são os actantes da enunciação, os participantes da ação enunciativa. Ambos constituem o sujeito da enunciação, porque o primeiro produz o enunciado e o segundo, funcionando como uma espécie de filtro, é levado em consideração pelo *eu* na construção do enunciado. O *eu* realiza o ato de dizer num determinado tempo e num dado espaço. *Aqui* é o espaço do *eu*, a partir do qual todos os espaços são ordenados (*aí, lá*, etc.); *agora* é o momento em que o *eu* toma a palavra e, a partir dele, toda a temporalidade linguística é organizada. A enunciação é a instância que povoa o enunciado de pessoas, de tempos e de espaços (1974: 79-88).

O mecanismo básico com que se instauram no texto pessoas, tempos e espaços é a debreagem. Ela pode ser de dois tipos: a enunciativa e a enunciva. A primeira projeta no enunciado o *eu-aqui-agora* da enunciação, ou seja, instala no interior do enunciado os actantes enunciativos (*eu/tu*), os espaços enunciativos (*aqui, aí*, etc.) e os tempos enunciativos (presente, pretérito perfeito 1, futuro do presente).[1] A debreagem enunciva constrói-se com o *ele, o alhures* e o *então*, o

138

que significa que, nesse caso, ocultam-se os actantes, os espaços e os tempos da enunciação. O enunciado é então construído com os actantes do enunciado (3ª pessoa), os espaços do enunciado (aqueles que não estão relacionados ao *aqui*) e os tempos do enunciado (pretérito perfeito 2, pretérito imperfeito, pretérito mais que perfeito, futuro do pretérito ou presente do futuro, futuro anterior e futuro do futuro[2]). A debreagem enunciativa produz, basicamente, um efeito de sentido de subjetividade, enquanto a enunciva gera, fundamentalmente, um efeito de sentido de objetividade. Como se vê, a enunciação deixa marcas no enunciado e, com elas, pode-se reconstruir o ato enunciativo. Este não é da ordem do inefável, mas é tão material quanto o enunciado, na medida em que ele se enuncia. Podemos distinguir, pois, no texto a enunciação enunciada e o enunciado enunciado. Aquela é o conjunto de elementos linguísticos que indica as pessoas, os espaços e tempos da enunciação, bem como todas as avaliações, julgamentos, pontos de vista que são de responsabilidade do *eu*, revelados por adjetivos, substantivos, verbos, etc. O enunciado enunciado é o produto da enunciação despido das marcas enunciativas.

A enunciação é a instância linguística logicamente pressuposta pela existência do enunciado. Isso significa que um enunciado como *A Terra gira em torno do Sol* pressupõe um *Eu digo (A Terra gira em torno do Sol)*. Essa afirmação parece um truísmo, já que, se existe um dito, há um dizer que o produziu. No entanto, ela é prenhe de consequências teóricas. Quando se projeta um *eu* no interior do enunciado, de tal forma que se diga *Eu digo que a Terra gira em torno do Sol*, haverá ainda assim uma instância pressuposta que terá produzido esse enunciado: *Eu digo (Eu digo que a Terra gira em torno do Sol)*. Isso implica que é preciso distinguir duas instâncias: o *eu* pressuposto e o *eu* projetado no interior do enunciado. Teoricamente, essas duas instâncias não se confundem: a do *eu* pressuposto é a do enunciador e a do *eu* projetado no interior do enunciado é a do narrador. Como a cada *eu* corresponde um *tu*, há um *tu* pressuposto, o enunciatário, e um *tu* projetado no interior do enunciado, o narratário. Além disso, o narrador pode dar a palavra a personagens, que falam em discurso direto, instaurando-se então como *eu* e estabelecendo aqueles com quem elas falam como *tu*. Nesse nível, temos o interlocutor e o interlocutário.

O enunciador e o enunciatário são o autor e o leitor, mas não o autor e o leitor reais, em carne e osso, mas sim o autor e o leitor implícitos, ou seja, uma imagem do autor e do leitor construída pelo texto.

Quando falamos em *eu* e *tu*, falamos em actantes da enunciação, ou seja, em posições dentro da cena enunciativa, aquele que fala e aquele com quem se fala. No entanto, nos diferentes textos, essas posições são concretizadas e esses actantes tornam-se atores da enunciação. O ator é uma concretização temático-figurativa do actante. Por exemplo, o enunciador é sempre um *eu*, mas, no texto *Memórias póstumas de Brás Cubas*, esse *eu* é concretizado no ator *Machado de Assis*. Nunca é demais insistir que não se trata do Machado real, em carne e osso, mas de uma imagem do Machado produzida pelo texto.

A questão é então ver como se constrói a imagem do enunciador, isto é, o ator da enunciação. Para pensar a questão, voltemos à *Retórica* de Aristóteles. Numa determinada passagem, o Estagirita afirma:

> É o éthos (caráter) que leva à persuasão, quando o discurso é organizado de tal maneira que o orador inspira confiança. Confiamos sem dificuldade e mais prontamente nos homens de bem, em todas as questões, mas confiamos neles, de maneira absoluta, nas questões confusas ou que se prestam a equívocos. No entanto, é preciso que essa confiança seja resultado da força do discurso e não de uma prevenção favorável a respeito do orador (I, 1356a).

Roland Barthes, comentando essa passagem, diz que os *éthe* são:

> [...] os traços de caráter que o tribuno deve mostrar ao auditório (pouco importa sua sinceridade) para causar boa impressão. [...] O éthos é, no sentido próprio, uma conotação. O orador enuncia uma informação e, ao mesmo tempo, afirma: sou isso, sou aquilo (1975: 203).

Em termos mais atuais, dir-se-ia que o *éthos* não se explicita no enunciado, mas na enunciação. Quando um professor diz *eu sou muito competente*, está explicitando uma imagem sua no enunciado. Isso não serve de prova, não leva à construção do *éthos*. O caráter de pessoa competente constrói-se na maneira como organiza as aulas, como discorre sobre os temas, etc. À medida que ele vai falando sobre a matéria, vai dizendo *sou competente*. Como vimos antes, a enunciação não é da ordem do inefável. Por conseguinte, o *éthos* explicita-se na enunciação enunciada, ou seja, nas marcas da enunciação deixadas no enunciado. Portanto, a análise do *éthos* do enunciador nada tem do psicologismo que, muitas vezes, pretende infiltrar-se nos estudos discursivos. Trata-se de apreender um sujeito construído pelo discurso e não uma subjetividade que seria a fonte de onde emanaria o enunciado, de um psiquismo responsável pelo discurso. O *éthos* é uma imagem do autor, não é o autor real; é um autor discursivo, um autor implícito.

Aristóteles indaga, em sua *Retórica*, quais são as razões que inspiram confiança num orador. Afirma:

140

Há três coisas que inspiram confiança no orador, porque há três razões que nos levam à convicção, independentemente das demonstrações. São o bom-senso, a prudência, a sabedoria prática (*phrónesis*), a virtude (*areté*) e a benevolência (*eúnoia*). Os oradores podem afastar-se da verdade por todas essas razões ou por uma dentre elas. Por causa da falta de bom-senso, podem não exprimir uma opinião correta; por causa de sua malvadeza, podem, mesmo pensando bem, não expressar aquilo que pensam; mesmo sendo prudentes e honestos, podem não ser benevolentes. Por essas razões, os oradores podem, mesmo conhecendo a melhor solução, não aconselhá-la. Não há nenhum outro caso (II, 1378a).

Esse passo da obra do Estagirita deve ser lido, como nos mostram os comentadores, como uma descrição do *éthos* do orador. Quem discursa inspira confiança se seus argumentos são razoáveis, ponderados; se ele argumenta com honestidade e sinceridade; se ele é solidário e amável com o auditório. Podemos, então, ter três espécies de *éthe*: a) a *phrónesis*, que significa o bom-senso, a prudência, a ponderação, ou seja, que indica se o orador exprime opiniões competentes e razoáveis; b) a *areté*, que significa a virtude, mas virtude tomada no seu sentido primeiro de "qualidades distintivas do homem" (latim *uir, uiri*), portanto, a coragem, a justiça, a sinceridade; nesse caso, o orador apresenta-se como alguém simples e sincero, franco ao expor seus pontos de vista; c) a *eúnoia*, que significa a benevolência e a solidariedade; nesse caso, o orador dá uma imagem agradável de si, porque mostra simpatia pelo auditório. O orador que se utiliza da *phrónesis* se apresenta como alguém sensato, ponderado e constrói suas provas muito mais com os recursos do *lógos* do que com os do *páthos* ou do *éthos* (em outras palavras, com os recursos discursivos); o que se vale da *areté* se apresenta como desbocado, franco, temerário e constrói suas provas muito mais com os recursos do *éthos*; o que usa a *eúnoia* apresenta-se como alguém solidário com seu enunciatário, como um igual, cheio de benevolência e de benquerença e erige suas provas muito mais com base no *páthos*.

Não podemos esquecer-nos de que a virtude é definida, na *Ética a Nicômaco*, como algo que está na justa medida. Diz Aristóteles:

> A virtude é, então, uma disposição adquirida para fazer escolhas deliberadas; ela situa-se na justa medida em relação a nós, uma medida que é definida pela razão, como um homem prudente (*phrónimos*) o faria. Ela está na justa medida entre dois extremos maus, um por excesso e outro por falta (II, 6, 15).

Quando se diz que a virtude é a coragem, pensa-se na justa medida, que afasta tanto a covardia (falta) quanto a temeridade (excesso).

Dominique Maingueneau diz que o *éthos* compreende três componentes: o caráter, que é o conjunto de características psíquicas reveladas pelo enunciador (é o que chamaríamos de *éthos* propriamente dito), o corpo, ou seja, as características físicas que o enunciador apresenta; o tom, a dimensão vocal do enunciador desvelada pelo discurso (1995: 137-140).

Quando se fala em *éthos* do enunciador, estamos falando em ator e não em actante da enunciação. Um ator é:

> [...] uma unidade lexical, de tipo nominal, que, inserida no discurso, é suscetível de receber, no momento de sua manifestação, investimentos da sintaxe narrativa de superfície e da semântica discursiva (Greimas e Courtés, 1979: 7).

Por ser o lugar de convergência e de investimento de um componente sintáxico e de um componente semântico, o ator deve ter, pelo menos, um papel actancial e um papel temático. O ator pode, enfim, ser figurativizado. Lembram Greimas e Courtés:

> Do ponto de vista da produção do discurso, poder-se-á distinguir o actante da enunciação, que é um actante logicamente implícito, logicamente pressuposto pelo enunciado, do *ator da enunciação*: nesse último caso, o ator será, por exemplo, "Baudelaire", na medida em que se define pela totalidade de seus discursos (1979: 8).

A análise do *éthos* do enunciador é, como já se disse, a análise do ator da enunciação. No entanto, verificamos que há diferentes níveis enunciativos num texto: enunciador, narrador e interlocutor. Não há qualquer dificuldade para determinar o que se poderia chamar o *éthos* do interlocutor, já que este é uma personagem construída na obra, com todas as suas características físicas e psíquicas. O problema é distinguir o caráter do enunciador e o do narrador. É Greimas quem nos dá a pista para fazer essa distinção. Diz ele, em passagem citada anteriormente, que o enunciador tomado como ator da enunciação se define pela totalidade de sua obra. Quando analisamos uma obra singular, podemos definir os traços do narrador, quando estudamos a obra inteira de um autor é que podemos apreender o *éthos do* enunciador. Podemos, ao final da análise, encontrar uma identidade ou uma diferença entre o caráter do enunciador e o do narrador duma obra singular. Em *Tom Jones,* o narrador é ingênuo, enquanto o autor é irônico.

Em *O missionário*, de Inglês de Sousa, há um passo em que o narrador implícito interpreta os atos do Padre Antônio de Morais. Embora o trecho seja narrado em 3ª pessoa, trata-se claramente de uma enunciação enunciada, em que uma instância enunciativa fala da inevitabilidade da queda do padre (manter relações sexuais com Clarinha), em função de um dado ponto de vista sobre o porquê das ações humanas, ao mesmo tempo que condena duramente a educação do seminário, o meio em que o padre vivia e seus colegas de sacerdócio. Todas as apreciações moralizantes do texto são de responsabilidade de uma instância inscrita no discurso, mas que não diz *eu*. O narrador pensa que as ações humanas são fruto de uma determinação mecânica do meio, da hereditariedade e do momento, que, como dizia Taine, são os componentes que entram na fabricação do vício e da virtude (1866: xv). Em primeiro lugar, o narrador considera a atitude do Padre Antônio de Morais uma degradação. Em segundo, explica "essa rebelião dos apetites" com o fato de que era filho de um pai devasso, de que vivia num meio em que imperava "a mais completa liberdade de costumes" e de que, num momento de grande desilusão com as atividades rotineiras do sacerdócio, encontrara-se sozinho, no meio da mata, com a bela índia Clarinha.

Entregara-se, de corpo e alma, à sedução da linda rapariga que lhe ocupara o coração. A sua natureza ardente e apaixonada, extremamente sensual, mal contida até então pela disciplina do Seminário e pelo ascetismo que lhe dera a crença na sua predestinação, quisera saciar-se do gozo por muito tempo desejado, e sempre impedido. Não seria o filho de Pedro Ribeiro de Morais, o devasso fazendeiro de Igarapé-mirim, se o seu cérebro não fosse dominado por instintos egoísticos, que a privação de prazeres açulava e que uma educação superficial não soubera subjugar. E como os senhores Padres do Seminário haviam pretendido destruir ou, ao menos, regular e conter a ação determinante da hereditariedade psicofisiológica sobre o cérebro do Seminarista? Dando-lhe uma grande cultura do espírito, mas sob um ponto de vista acanhado e restrito, que lhe excitara o instinto da própria conservação, o interesse individual, pondo-lhe diante dos olhos, como supremo bem, a salvação da alma, e como meio único, o cuidado dessa mesma salvação. Que acontecera? No momento dado, impotente o freio moral para conter a rebelião dos apetites, o instinto mais forte, o menos nobre, assenhoreara-se daquele temperamento de matuto, disfarçado em Padre de S. Sulpício. Em outras circunstâncias, colocado em meio diverso, talvez que o Padre Antônio de Morais viesse a ser um santo, no sentido puramente católico da palavra, talvez que viesse a realizar a aspiração de sua mocidade, deslumbrando o mundo com o fulgor de suas virtudes ascéticas e dos seus sacrifícios inauditos. Mas nos sertões do Amazonas, numa sociedade quase rudimentar, sem moral, sem educação... vivendo no meio da mais completa liberdade de costumes, sem a coação da opinião pública, sem a disciplina duma autoridade moral fortemente constituída... sem estímulos e sem apoio..., devia cair na regra geral dos seus colegas de sacerdócio, sob a influência enervante do isolamento, e entregara-se ao vício e à depravação, perdendo o senso moral e rebaixando-se ao nível dos indivíduos que fora chamado a dirigir (1967: 383-384).

Pode-se notar o caráter duro e moralista do narrador. Ao final da análise da obra de Inglês de Sousa, pode-se constatar que os *éthe* do narrador e do enunciador são idênticos.

Norma Discini de Campos mostra que a totalidade em que se busca o caráter do enunciador é diferencial, construída para os propósitos da análise. Por exemplo, se vamos estabelecer os *éthe* do que se chama, comumente, imprensa séria e imprensa sensacionalista, verificamos que os jornais *O Estado de S. Paulo* e *Folha de S.Paulo* estão englobados dentro da mesma totalidade, enquanto *Notícias populares* pertence à outra totalidade. No entanto, se a análise visa a mostrar a distinção entre os *éthe* do *Estadão* e da *Folha*, cada um desses jornais constitui uma totalidade (2001: 117-222).

Onde se encontram, na materialidade discursiva da totalidade, as marcas do *éthos* do enunciador? Dentro desse todo, procuram-se recorrências em qualquer elemento composicional do discurso ou do texto: na escolha do assunto, na construção das personagens, nos gêneros escolhidos, no nível de linguagem usado, no ritmo, na figurativização, na escolha dos temas, nas isotopias, etc.

É um truísmo nos estudos machadianos a afirmação de que Machado é um homem cético e cínico, que se vale, em sua obra, de um tom irônico. Não interessa se o Machado de carne e osso tinha essas características e falava ironicamente. O que importa é que essa é a figura do autor que se constrói a partir da totalidade de sua obra.

Analisemos as personagens. Dom Casmurro é um homem descrente do amor e da amizade. Brás Cubas exprime todo seu ceticismo na frase final de *Memórias póstumas*: "Não tive filhos, não transmiti a nenhuma criatura o legado da nossa miséria" (1979: 639). Quincas Borba revela todo seu cinismo na expressão *Ao vencedor, as batatas* (1979: 649). O retrato de Rubião é traçado nos dois primeiros capítulos do romance *Quincas Borba*:

> Rubião fitava a enseada – eram oito horas da manhã. Quem o visse, com os polegares metidos no cordão do chambre, à janela de uma grande casa de Botafogo, cuidaria que ele admirava aquele pedaço de água quieta; mas, em verdade, vos digo que pensava em outra cousa. Cotejava o passado com o presente.

Que era há um ano? Professor. Que é agora? Capitalista. Olha para si, para as chinelas (umas chinelas de Túnis, que lhe deu recente amigo, Cristiano Palha), para a casa, para o jardim, para a enseada, para os morros e para o céu; e tudo, desde as chinelas até o céu, tudo entra na mesma sensação de propriedade.

"Vejam como Deus escreve direito por linhas tortas", pensa ele. Se mana Piedade tem casado com Quincas Borba, apenas me daria uma esperança colateral. Não casou; ambos morreram, e aqui está tudo comigo; de modo que o que parecia uma desgraça...

Que abismo há entre o espírito e o coração! O espírito do ex-professor, vexado daquele pensamento, arrepiou caminho, buscou outro assunto, uma canoa que ia passando; o coração, porém, deixou-se estar a bater de alegria. Que lhe importa a canoa nem o canoeiro, que os olhos de Rubião acompanham arregalados? Ele, coração, vai dizendo que, uma vez que mana Piedade tinha de morrer, foi bom que não casasse; podia vir um filho ou uma filha... – Bonita canoa! – Antes assim! – Como obedece bem aos remos do homem! – O certo é que eles estão no céu (1979: 643).

Depois de mostrar Rubião, às oito horas da manhã, à janela de sua casa em Botafogo, com os polegares metidos no cordão do chambre, o narrador diz que ele estava pensando na transformação que acontecera em sua vida. Rubião tornara-se capitalista por ter herdado a fortuna de Quincas Borba. Dessa forma, o narrador afasta o ponto de vista de alguém que poderia pensar que Rubião estava admirando o mar. Em seguida, descreve o olhar de Rubião, que vai do mais próximo ao mais longínquo, de baixo para o alto, examinando a si mesmo, as chinelas que trazia nos pés, a casa, o jardim, a enseada, os morros e o céu, e diz que tudo entra na mesma sensação de propriedade. Com a figura do olhar de Rubião, que engloba tudo numa sensação de propriedade, o narrador define o capitalista como aquele que vê o mundo pela ótica da propriedade.

Em seguida, o narrador dá a palavra a Rubião, que, em discurso direto, parece estar pensando diante de nós. O recurso do discurso direto faz que acompanhemos o desenrolar de seus pensamentos. Como, certa vez, Quincas Borba quis casar com sua irmã Piedade, o que Rubião está pensando é que foi bom eles não terem casado, porque poderiam ter um filho, que seria então o herdeiro da fortuna que ele recebeu. As reticências indicam a suspensão do pensamento mais importante: que foi bom eles terem morrido, pois assim ele pôde herdar tudo. O que parecia uma desgraça foi, na verdade, ótimo, do ponto de vista de Rubião. Com o relato dos pensamentos da personagem em discurso direto o narrador cria um efeito de sentido de verdade e, assim, acrescenta mais uma característica na imagem que está construindo do capitalista: é aquele que avalia todos os fatos do ponto de vista do lucro e não dos valores ou dos sentimentos.

Mas aí o narrador vai mostrar que há um abismo entre o espírito e o coração, entre a consciência, onde estão os valores morais aprendidos, e os sentimentos. Rubião envergonha-se, quando se dá conta de que estava a achar que a morte de sua irmã e de seu melhor amigo fora uma coisa boa, e procura, por isso, pensar em outra coisa, distrair-se observando uma canoa que vai passando. No entanto, se repugna à consciência esse pensamento, a personagem não pode deixar de sentir alegria pelo fato de eles terem morrido. Depois de relatar, em discurso indireto, o que o coração vai repetindo, criando um efeito de sentido de objetividade, o narrador cria um pequeno diálogo, em discurso direto, portanto, entre a consciência e o sentimento. Espírito e coração são as duas personagens que falam. Aquele quer afastar o pensamento que ele repudia, falando a respeito da canoa e do canoeiro; este continua a afirmar que foi melhor assim e conclui que estão no céu, o que justificaria que a morte deles foi ótima.

Esse diálogo entre o espírito e o coração termina de desenhar a imagem do capitalista. Ele é um ser cindido em dois pontos de vista distintos. Não é que ele apenas raciocina a partir dos interesses, ele sente a partir do lucro. Mesmo que à consciência repugnem certos sentimentos, porque são incompatíveis com os valores morais, ele os têm, porque vê, pensa e sente os acontecimentos sob a ótica do lucro. Sem o diálogo entre o espírito e o coração, a imagem do ser dividido entre os valores morais e o valor do lucro, em que este valor suplanta aqueles, não teria a força que tem. Nessa construção da personagem, mostra-se todo o ceticismo diante de princípios morais, valores, etc. O homem é movido apenas pelo interesse e pelo lucro.

Costuma-se dividir a obra romanesca de Machado em duas fases. Na primeira, estão os romances *Ressurreição*, *A mão e a luva*, *Helena*, *Iaiá Garcia*. Esses romances são chamados romances da fase romântica. Entretanto, muitas de suas personagens femininas são movidas pela ambição de mudar de classe social. Buscam elas um novo *status* social, mesmo que isso lhes custe sacrifícios no plano afetivo. São personagens calculistas, movidas pelos interesses, pela "fria eleição do espírito" (1979: 253), como, por exemplo, Guiomar, de *A mão e a luva*. Se assim é, elas estão muito distantes de qualquer *páthos* romântico. Elas não ouvem as razões do coração, mas as do interesse, do prestígio, do dinheiro. Na segunda fase, em que se encontram os romances *Memórias póstumas de*

Brás Cubas, Quincas Borba, Dom Casmurro, Esaú e Jacó e *Memorial de Aires,* a galeria poderia continuar: Marcela, Sofia, Virgília... Não há nessas personagens nenhum *páthos* romântico.

O cinismo machadiano continua na análise das máscaras que o homem afivela à consciência, de maneira tão firme, que acaba por identificar-se com elas. É notável o trecho de *Memórias póstumas* em que o defunto autor fala da liberdade dos mortos. As metáforas constroem esse afivelar das máscaras que existem na vida:

> Talvez espante ao leitor a franqueza com que lhe exponho e realço a minha mediocridade: advirta que a franqueza é a primeira virtude de um defunto. Na vida, o olhar da opinião, o contraste dos interesses, a luta das cobiças obrigam a gente a calar os trapos velhos, a disfarçar os rasgões e os remendos, a não estender ao mundo as revelações que faz à consciência; e o melhor da obrigação é quando, à força de embaçar os outros, embaça-se um homem a si mesmo, porque em tal caso poupa-se o vexame, que é uma sensação penosa, e a hipocrisia, que é um vício hediondo. Mas, na morte, que diferença! que desabafo! que liberdade! Como a gente pode sacudir fora a capa, deitar ao fosso as lantejoulas, despregar-se, despintar-se, desafeitar-se, confessar lisamente o que foi e o que deixou de ser! Porque, em suma, já não há vizinhos, nem amigos, nem inimigos, nem estranhos: não há plateia. O olhar da opinião, esse olhar agudo e judicial, perde a virtude, logo que pisamos o território da morte; não digo que ele não se estenda para cá e não nos examine e julgue; mas a nós é que não se nos dá do exame nem do julgamento. Senhores vivos, não há nada tão incomensurável como o desdém dos finados (1979: 545-546).

O enunciador fala em tom irônico. Para isso, vale-se de aforismos, de combinações de palavras que, normalmente, não se coordenam, etc.

> Marcela amou-me durante quinze meses e onze contos de réis; nada menos (1979: 536).
> Um cocheiro filósofo costumava dizer que o gosto da carruagem seria diminuto, se todos andassem de carruagem (1979: 617).
> Não te irrites de se pagarem mal um benefício: antes cair das nuvens que de um terceiro andar (1979: 617).
> A fatuidade [...] é a transpiração luminosa do mérito (1979: 624).

Ao lado desse tom irônico, há um tom de certa indiferença, como se nada merecesse um grande entusiasmo, um forte investimento patêmico. O Conselheiro Aires talvez seja a personagem machadiana que melhor reflita essa dimensão vocal do enunciador:

Eram felizes, e foi o marido que primeiro arrolou as qualidades novas de Tristão. A mulher deixou-se ir no mesmo serviço, e eu tive de os ouvir com aquela complacência, que é uma das qualidades minhas e não das novas. Quase que a trouxe da escola, se não foi do berço. Contava minha mãe que eu raro chorava por mama; apenas fazia uma cara feia e implorativa. Na escola não briguei por ninguém, ouvia o mestre, ouvia os companheiros, e se alguma vez estes eram extremados e discutiam, eu fazia da minha alma um compasso, que abria as pontas aos dous extremos. Eles acabavam esmurrando-se e amando-me (1979: 1151).

Eu, se fosse capaz de ódio – diz o Conselheiro – era assim que odiava; mas eu não odeio nada nem ninguém – *perdono a tutti*, como na ópera (1979: 1100).

Como nota Alfredo Bosi, em Machado, "não há heróis a cumprir missões ou a afirmar a própria vontade; há apenas destinos, destinos sem grandeza" (1975: 200). Com efeito, não há na obra machadiana nenhum Peri, que cumpre uma grande missão, ou mesmo nenhum Seixas, que se redime pela força da vontade. Os destinos sem grandeza é que se afirmam: Rubião, Brás Cubas, Bentinho, Aires, Capitu. Em um trecho de *Esaú e Jacó*, afirma-se

Aires suspirou em segredo, e curvou a cabeça ao Destino. Não se luta contra ele, dirás tu; o melhor é deixar que pegue pelos cabelos e nos arraste até onde queira alçar-nos ou despenhar-nos (1979: 1016).

Todas as modificações importantes na literatura são acompanhadas de uma modificação do *éthos*. É isso que acontece na passagem da segunda para a terceira geração romântica. Naquela, o *éthos* apresenta um corpo jovem, magro, pálido; um caráter oscilante, que vai da melancolia à paixão, que se exprime numa enunciação também cambiante, que varia do tom entediado ao tom apaixonado. A inflexão apaixonada, porém, exprime mais desejos do que realizações. Tudo isso se percebe nas recorrências léxicas, em que se nota uma reiteração do invernal, do noturno, do macilento, do pálido, do desbotado, etc. Observem-se, por exemplo, os trechos, que seguem, de Álvares de Azevedo:

Quando em meu peito rebentar-se a fibra
Que o espírito enlaça à dor vivente,
Não derramem por mim nenhuma lágrima
Em pálpebra demente. [...]

Eu deixo a vida como deixa o tédio
Do deserto o poento caminheiro

– Como as horas de um longo pesadelo
Que se desfaz ao dobre de um sineiro; [...]

Só levo uma saudade – é dessas sombras
Que eu sentia velar nas noites minhas...
De ti, ó minha mãe, pobre coitada
Que por minhas tristezas te definhas!

De meu pai... de meus únicos amigos,
Poucos – bem poucos – e que não zombavam
Quando, em noite de febre endoudecido,
Minhas pálidas crenças duvidavam.

Se uma lágrima as pálpebras me inunda,
Se um suspiro nos seios treme ainda
É pela virgem que sonhei... que nunca
Aos lábios me encostou a face linda!

Só tu à mocidade sonhadora
Do pálido poeta destas flores...
Se viveu, foi por ti! e de esperança
De na vida gozar de teus amores.

Beijarei a verdade santa e nua,
Verei cristalizar-se o sonho amigo...
Ó minha virgem de errantes sonhos,
Filha do céu, eu vou amar contigo!

Descanse o meu leito solitário
Na floresta dos homens esquecida,
À sombra de uma cruz, e escrevam nela:
– Foi poeta – sonhou – e amou na vida.

Sombras do vale, noites da montanha
Que minh'alma cantou e amava tanto,
Protegei o meu corpo abandonado,
E no silêncio derramai-lhe canto!

Mas quando preludia ave d'aurora
E quando à meia-noite o céu repousa,
Arvoredos do bosque, abri os ramos...
Deixai a lua prantear-me a lousa!
(1971: 107-109)

Vou ficando blasé, passeio os dias
Pelo meu corredor, sem companheiro,
Sem ler, nem poetar. Vivo fumando.
Minha casa não tem menores névoas
Que as deste céu d'Inverno... Solitário
Passo as noites aqui e os dias longos
(1971: 124-125).

Alma cheia de fogo e mocidade
Que ante a fúria dos reis não se acobarda,
Sonhava nesta geração bastarda
Glórias e liberdade
(1971: 208).

Na terceira geração romântica, a dos poetas condoreiros, o tom é indignado e grandiloquente, quando trata de temas sociais; entusiasmado com as conquistas da modernidade; franco ao exprimir os desejos eróticos. O caráter é lutador e ativo; o corpo é vigoroso. Isso se percebe também nas recorrências lexicais. Os símiles, por exemplo, são tomados de aspectos da natureza que indicam a imensidão, o infinito, a altura: o oceano, os astros, o tufão, as procelas, os alcantis, o Himalaia, os Andes, a águia, o condor. Tomemos alguns exemplos da poesia de Castro Alves:

Existe um povo que a bandeira empresta
Pra cobrir tanta infâmia e cobardia!... [...]

Auriverde pendão da minha terra,
Que a brisa do Brasil beija e balança,
Estandarte que a luz do sol encerra
E as promessas divinas de esperança...
Tu que, da liberdade após a guerra,
Foste hasteada dos heróis na lança,
Antes te houvessem roto na batalha,
Que servires a um povo de mortalha!...

Fatalidade atroz que a mente esmaga!...
Extingue nesta hora o *brigue imundo*
O trilho que Colombo abriu na vaga,
Como um íris no pélago profundo!...
... Mas é infâmia de mais... Da etérea plaga
Levantai-vos, heróis do Novo Mundo...
Andrada! arranca este pendão dos ares!
Colombo! fecha a porta de teus mares!
(1972: 183-184)

Basta, Senhor! De teu potente braço
Role através dos astros e do espaço
Perdão p'ra os crimes meus!...
Há dois mil anos... eu soluço um grito...
Escuta o brado meu lá do infinito,
Meu Deus! Senhor, meu Deus!!...
(1972: 201)

Oh! Bendito o que semeia
Livros... livros à mão cheia...
E manda o povo pensar!
O livro caindo n'alma
É germe – que faz a palma
É chuva – que faz o mar.

Agora que o trem de ferro
Acorda o tigre no cerro
E espanta os caboclos nus,
Fazei deste rei dos ventos
Ginete dos pensamentos,
Arauto da grande luz
(1943: 14).

A frouxa luz da alabastrina lâmpada
Lambe voluptuosa os teus contornos
Oh! Deixa-me aquecer teus pés divinos
Ao doudo afago de meus lábios mornos.
(Lima, 1966: 40).

A análise dos *éthe* da segunda e da terceiras gerações do romantismo brasileiro mostra que o caráter de um enunciador se constitui sempre em oposição a outro. Em outras palavras, o *éthos* estabelece-se no interdiscurso.

A imagem do enunciador, o *éthos*, e também a do enunciatário, o *páthos*, exercem um papel central na compreensão tanto das opões enunciativas quanto da eficácia de um discurso.

NOTAS

[1] Chamamos pretérito perfeito 1 a forma verbal que indica anterioridade ao momento da enunciação e pretérito perfeito 2 a forma que assinala a concomitância a um marco temporal pretérito.

[2] Presente do futuro é a forma verbal que indica uma concomitância a um marco temporal futuro, futuro anterior é a forma que assinala anterioridade a um marco temporal futuro e futuro do futuro é a forma que marca uma posterioridade a um marco temporal futuro.

BIBLIOGRAFIA

ARISTÓTELES (1991). *Rhétorique*. Paris: Librairie Générale Française.

_____ (1965). *Ethique de Nicomaque*. Paris: Flammarion.

ALVES, Castro (1943). *Espumas flutuantes*. Rio de Janeiro: Livraria H. Antunes.

_____ (1972). *Os escravos*. São Paulo: Martins.

AZEVEDO, Álvares de (1971). *Poesias escolhidas*. Rio de Janeiro, José Aguilar Editora.

BARTHES, Roland (1975). A retórica antiga In: COHEN, Jean et alii. *Pesquisas de retórica*. Petrópolis: Vozes, p. 147-221.

BENVENISTE, Émile (1974) *Problèmes de linguistique générale*. Paris: Gallimard, v. II.

BOSI, Alfredo (1975). *História concisa da literatura brasileira*. São Paulo: Cultrix.

CAMPOS, Norma Discini de (2001). *Semiótica e estilo*. Tese defendida na FFLCH-USP.

GREIMAS, A. J.; COURTÉS, J. (1979). *Sémiotique. Dictionnaire raisonné de la théorie du langage*. Paris: Hachette.

LIMA, Alceu Amoroso et alii (1966). *Castro Alves. Poesia*. Rio de Janeiro: Agir.

MACHADO DE ASSIS (1979). *Obras completas*. Rio de Janeiro: Nova Aguilar, v. I.

MAINGUENEAU, D. (1995). *O contexto da obra literária*. São Paulo: Martins Fontes.

SOUSA, Herculano Marcos Inglês de (1967). *O missionário*. Rio de Janeiro: Ediouro.

TAINE, Hippolyte (1866). *Histoire de la literature anglaise*. Paris: Hachette.

O *PÁTHOS*
DO ENUNCIATÁRIO

Leitor: coautor do texto.
Ledo Ivo

O *eu* sempre se dirige a um *tu* e, portanto, a cada instância da enunciação, em que um actante diz *eu*, corresponde um *tu*. Ao enunciador está em correlação o enunciatário; ao narrador, o narratário; ao interlocutor, o interlocutário. Cabe ainda lembrar que ensina Greimas que enunciador e enunciatário constituem o sujeito da enunciação (1979: 125). Ao colocar o enunciatário como uma das instâncias do sujeito da enunciação, Greimas quer ressaltar seu papel de coenunciador. Com efeito, a imagem do enunciatário constitui uma das coerções discursivas a que obedece o enunciador: não é a mesma coisa produzir um texto para um especialista numa dada disciplina ou para um leigo; para uma criança ou para um adulto. O enunciatário é também uma construção do discurso. Não é o leitor real, mas um leitor ideal, uma imagem de um leitor produzida pelo discurso.

O enunciador e o enunciatário são o autor e o leitor. Cabe, porém, uma advertência: não são o autor e o leitor reais, de carne e osso, mas o autor e o leitor implícitos, ou seja, uma imagem do autor ou do leitor construída pelo texto.

O *eu* e o *tu* são actantes da enunciação, aquele que fala e aquele com quem se fala. Nos diferentes textos, contudo, esses elementos abstratos recebem investimentos semânticos para manifestarem-se como atores da enunciação. O ator é uma singularização do actante. O enunciador, por exemplo, é sempre um *eu*, mas, no texto *Grande sertão: veredas*, esse *eu* é concretizado no ator *Guimarães Rosa*. É preciso reiterar que não se trata do Guimarães Rosa real, com CIC e RG, mas de uma imagem de Rosa produzida pelo texto. As características que lhe são atribuídas são aquelas criadas pelo texto.

Este trabalho tem o propósito de analisar como se constrói a imagem do enunciatário, isto é, este ator da enunciação, que não é uma instância abstrata e universal, o *tu*, pressuposta pela existência do enunciado. Ao contrário, é uma imagem concreta a que se destina o discurso. Por outro lado, é preciso considerar que o enunciatário não é um ser passivo, que apenas recebe as informações produzidas pelo enunciador, mas é um produtor do discurso, que constrói, interpreta, avalia, compartilha ou rejeita significações.

Para pensar o enunciatário como ator da enunciação, vamos voltar à *Retórica*, de Aristóteles. Num ato de comunicação, três elementos acham-se envolvidos: o orador, o auditório e o discurso, ou, em outros termos, o *éthos*, o *páthos* e o *lógos*. Atualmente, poder-se-ia dizer que, num ato comunicativo, há uma relação entre três instâncias: o enunciador, o enunciatário e o discurso.

Mostra o Estagirita que os argumentos válidos para certos auditórios deixam de sê-lo para outros; os argumentos válidos em certos momentos não o são em outros; os argumentos válidos em determinados lugares não atingem o resultado esperado em outros. O orador, portanto, para construir seu discurso, precisa conhecer seu auditório. Mas conhecer o quê? O *páthos* ou o estado de espírito do auditório. O *páthos* é a disposição do sujeito para ser isto ou aquilo. Por conseguinte, bem argumentar implica conhecer o que move ou comove o auditório a que o orador se destina (I, II, 1356a). Aristóteles trata longamente das paixões que movem o auditório no livro II da *Retórica*. Cícero, no *De oratore*, afirma: "[...] nobis tamen, qui in hoc populo foroque uersamus, satis est, ea de moribus hominum et scire et dicere quae non abhorrent ab hominum moribus" (I, 219)[1]. Por essa razão, assim o romano define as qualidades do orador: "Acuto homine nobis opus est, et natura usuque callido, qui sagaciter peruestiget, quid sui ciues, quibus aliquid dicendo persuadere uelit, cogitent, sentiant, opinentur, exspectent" (I, 223).[2]

O *páthos* não é a disposição real do auditório, mas a de uma imagem que o enunciador tem do enunciatário. Essa imagem estabelece coerções para o discurso: por exemplo, é diferente falar para um auditório de leigos ou de especialistas, para um adulto ou uma criança. Nesse sentido, o auditório, o enunciatário, o *target*, como dizem os publicitários, faz parte do sujeito da enunciação; é produtor do discurso, na medida em que determina escolhas linguísticas do enunciador. Evidentemente, essas escolhas não são necessariamente conscientes.

A imagem do enunciatário é um papel temático, que é composto de uma complexa rede de relações. Cícero diz que o orador precisa saber o que pensam (*cogitent*), sentem (*sentiant*), opinam (*opinentur*), esperam (*exspectent*) aqueles a quem se deseja persuadir. Isso quer dizer que essa imagem, consubstanciada num papel temático, tem uma dimensão cognitiva: de um lado, ideológica, da ordem do saber (*cogitent*), de outro, da ordem do crer (*opinentur*); uma dimensão patêmica (*sentiant*) e uma dimensão perceptiva (*exspectent*).

O presidente Lula parece ter uma percepção muito aguda da imagem do enunciatário a quem se dirige. Num de seus discursos, em Pelotas (17/6/2003), falando sobre as reformas da previdência, deixou claro que não era justo que uma procuradora ou um professor universitário se aposentassem aos 47 ou 53 anos, respectivamente, enquanto uma cortadora de cana se aposenta aos 55 e um cortador de cana, aos 60 anos. Disse que iria mudar essa situação. O enunciatário poderia ser tematizado como o *povão*, que é constituído de uma rede de relações semânticas: percebe a sociedade brasileira como um lugar de privilégios e injustiças, sente revolta diante desse estado de coisas e espera um salvador que mude essa situação. Por isso, o *éthos* do enunciador construído no discurso presidencial é o de um salvador, de um redentor. Daí o tom messiânico de seu discurso: é ele quem vai reparar as injustiças. Não existe, nesse discurso, a mediação democrática do Congresso Nacional; as mudanças dar-se-ão pela vontade do presidente. Nessa mesma alocução, o presidente afirmou:

> A coisa que eu mais queria na minha vida, quando casei com a minha galega, era um filho. Ela engravidou logo no primeiro dia de casamento, porque pernambucano não deixa por menos.

O *éthos* do macho, que associa desempenho sexual à valentia, à coragem; que se apresenta como o homem simples e sincero, dirige-se a um enunciatário, cujo *páthos* tem o mesmo perfil. Se o *páthos* constrói a imagem do enunciatário, o *éthos* constrói a do enunciador.

Vejamos, de maneira rápida, apenas à guisa de ilustração, como os jornais *O Estado de S. Paulo* e *Folha de S.Paulo* constroem seus enunciatários. Este tem textos menores do que aquele, ele tem mais fotos e fotos maiores e tem páginas menos compactas. Apresenta uma seção internacional menos densa. Exibe, com grande frequência, quadros azuis, em que são explicados os antecedentes da notícia que está sendo dada, e parênteses explicativos para as siglas apresentadas: por exemplo, cpi (Comissão Parlamentar de Inquérito); tcu (Tribunal de Contas da União), tst (Tribunal Superior do Trabalho). Os textos são escritos no que se poderia chamar a norma culta real. Os períodos dos textos não são muito longos. Dá mais espaço do que o *Estado* para a cultura e as diversões, apresentando, com muita frequência, movimentos culturais alternativos. Tem um *ombudsman* que, aos domingos, apresenta críticas, às vezes bastante duras, ao jornal. Na página dos editoriais, apresenta, além de uma charge, artigos de cronistas sediados no Rio, em São Paulo e em Brasília e artigos de colaboradores variáveis. Já o *Estadão* apresenta textos maiores do que os da *Folha* e tem páginas mais compactas. Sua seção internacional e seu caderno de Economia são mais densos do que os da *Folha*. Traz menos explicações dos antecedentes das notícias e os parênteses explicativos aparecem apenas em situações excepcionais. Os textos são escritos no que se poderia denominar a norma culta escolar. Os períodos são mais longos e a sintaxe, mais complexa. Seu caderno de cultura dá mais espaço à cultura erudita e à cultura popular tida como mais sofisticada. Não tem *ombudsman* e sua página de editoriais apresenta somente a posição do jornal e as cartas dos leitores. Seus editoriais são com mais frequência modalizados pela certeza, enquanto a *Folha* modula, com frequência, seus pontos de vista pela contingência (exemplo típico disso é apresentar um assunto sob a forma de uma interrogação, que é respondida por três articulistas: um responde afirmativamente; outro, negativamente; outro, em termos). Poderíamos continuar a enumerar diferenças entre os dois jornais. No entanto, essas bastam para pensar na imagem do enunciatário construída por esses órgãos da imprensa.

O enunciatário do *Estadão* é um homem que pertence às elites do país, que conhece bem os fatos da política e da economia, para quem, portanto, não é preciso, a todo momento, explicar os antecedentes das notícias, o papel exercido por determinadas personalidades citadas nos textos e o significado das siglas de órgãos governamentais. É um consumidor da cultura erudita e das manifestações consideradas mais sofisticadas da cultura popular. Esse homem tem posições políticas bem definidas, é conservador em matéria de economia e política. É cheio de certezas e, portanto, o jornal pode apresentar-se com posições bem marcadas, enfatizando menos a relatividade e a pluralidade de opiniões. Para ele, a leitura é o meio mais importante de obtenção de informações. Já o enunciatário da *Folha* é o descolado (artistas, professores universitários, etc.), que tem interesses muito variados. Não é que não se interesse pela política, mas seu interesse por ela é relativo. Por isso, não conhece todos os órgãos governamentais nem todos os atores da política ou da economia nacionais. Interessa-se apenas pelas grandes questões da política internacional. É um consumidor de todas as manifestações culturais, entre elas as alternativas. Tem curiosidade pelas matérias relativas ao comportamento (veja-se, por exemplo, a pauta da *Revista da Folha*). Não se informa apenas pelos jornais e, por isso, não dedica muito tempo a sua leitura. É pluralista. Para o leitor do *Estadão*, o mundo é objeto do conhecimento e campo de ação; para o leitor da *Folha*, o mundo é objeto de contemplação. O tom do primeiro é viril, educado, sério, peremptório; o do segundo é levemente *blasé* tingido por certa ironia.

Como se vê, cada um dos jornais constrói seu público, seu leitor, a partir de características discursivas. Essa imagem do enunciatário passa a ser um coenunciador, na medida em que ela determina a escolha das matérias que entrarão no jornal, a forma como os textos são redigidos, a disposição da página, etc. Por outro lado, o enunciatário adere ao discurso, porque nele se vê constituído como sujeito, identificando-se com um dado *éthos* do enunciador.

A eficácia do discurso ocorre, quando o enunciatário incorpora o *éthos* do enunciador. Essa incorporação pode ser harmônica, quando *éthos* e *páthos* ajustam-se perfeitamente (é o caso do enunciatário da *Folha* ou do *Estado*) ou complementar, quando o *éthos* responde a uma carência do *páthos* (é o caso dos manuais de autoajuda, em que a um enunciatário inseguro, confuso, que busca segurança, corresponde um enunciador cheio de certezas). O ministro da Justiça Márcio Tomás Bastos afirmou que era uma afronta à prefeita de São Paulo jogar uma galinha sobre ela, como fizeram alguns estudantes da Faculdade de Direito do Largo de São Francisco, da mesma forma como seria afrontoso jogar um veado sobre um homem (FSP, 12/8/2003). Ele teve, depois de variados protestos, que pedir desculpas pela infelicidade de sua frase, porque ela revelava preconceito contra os homossexuais (FSP, 13/8/2003). Evidentemente, ele se dirigiu a um enunciatário que não admite esse tipo de preconceito e, portanto, seu discurso não foi eficaz.

A eficácia discursiva está diretamente ligada à questão da adesão do enunciatário ao discurso. O enunciatário não adere ao discurso apenas porque ele é apresentado como um conjunto de ideias que expressa seus possíveis interesses, mas sim, porque se identifica com um dado sujeito da enunciação, com um caráter, com um corpo, com um tom. Assim, o discurso não é apenas um conteúdo, mas também um modo de dizer, que constrói os sujeitos da enunciação. O discurso, ao construir um enunciador, constrói também seu correlato, o enunciatário.

Como se viu, enunciatário e narratário são duas instâncias enunciativas distintas. Surge uma questão: como diferençar a imagem de um e de outro. O narratário é a instância a quem se dirige o narrador, enquanto o enunciatário é aquela a quem se endereça o enunciador. Isso quer dizer que, num texto singular, encontra-se a imagem do narratário, seja ele explícito ou implícito, enquanto numa totalidade discursiva, recortada para os fins da análise, constrói-se a imagem do enunciatário. Essa distinção remete à possibilidade de uma diferença entre as duas imagens. Tomemos um texto de Machado de Assis, para ver esse fato:

> Começo a arrepender-me deste livro. Não que ele me canse; eu não tenho o que fazer; e, realmente, expedir alguns magros capítulos para esse mundo sempre é tarefa que distrai um pouco da eternidade. Mas o livro é enfadonho, cheira a

sepulcro, traz certa contração cadavérica; vício grave, e aliás ínfimo, porque o maior defeito deste livro és tu, leitor. Tu tens pressa de envelhecer, e o livro anda devagar; tu amas a narração direta e nutrida, o estilo regular e fluente, e este livro e meu estilo são como ébrios, guinam à direita e à esquerda, andam e param, resmungam, urram, gargalham, ameaçam o céu, escorregam e caem... (1979: 583).

Temos, no texto anterior, um narrador e um narratário explícitos. A imagem do narratário é determinada pelo narrador: um leitor comum de romances, que aprecia a narração direta e nutrida (os fatos) e um estilo regular e fluente. O narratário é um leitor dos romances românticos e realistas, em que havia uma linearidade narrativa e não digressões e comentários do narrador. No entanto, se tomarmos a obra inteira de Machado e não essa intervenção pontual do narrador, vamos observar que a imagem do enunciatário é muito diferente. Ela é criada pelo modo de narrar, em que mais importante que o narrado é a narração, dado que o texto em sua totalidade é um virtuosismo enunciativo. Ele é um leitor sofisticado, que não se contenta com as narrativas feitas até então e que se encanta com a intervenção do narrador a invadir o narrado e a tomar-lhe o lugar.

Onde se encontram, na materialidade discursiva da totalidade, as marcas do *páthos* do enunciatário? Dentro dessa totalidade, procuram-se recorrências em qualquer elemento composicional do discurso ou do texto: na modalização, na seleção de temas, na norma linguística escolhida, na reiteração de traços semânticos, nas projeções da enunciação no enunciado, na mancha da página, nas fontes usadas, etc. Em outras palavras, as marcas da presença do enunciatário não se encontram no enunciado (o dito), mas na enunciação enunciada, isto é, nas marcas deixadas pela enunciação no enunciado (o dizer).

Analisemos mais detidamente dois programas de televisão, o do Ratinho, que não está mais no ar, e o da Hebe Camargo, para examinar a eficácia de seu discurso. Como mostramos antes, não se trata de buscar a imagem do enunciatário num programa específico, mas no programa visto como uma totalidade.

O programa do Ratinho tinha, basicamente, duas vertentes: uma, que se poderia chamar jornalística e de serviços, e outra, em que se apresentavam atrações artísticas. Os serviços prestados pelo programa eram realização de exames de DNA para determinação de paternidade, busca de familiares que não se sabia onde estavam, ajuda para que a pessoa pudesse começar um pequeno negócio ou realizar um sonho. As notícias eram aquelas bastante "bizarras", que mostravam a "miséria humana": fatos policiais, brigas familiares, comportamentos sexuais minoritários (ou não tão minoritários assim), doenças estranhas, fenômenos paranormais. As notícias mostravam tudo o que é "extravagante" e trágico na vida privada. Quando se falava de política, falava-se apenas daquilo que atingia direta e imediatamente o telespectador: aumento da contribuição do INSS, criação da taxa de lixo e de iluminação, etc. Tratava-se de notícias mais do âmbito privado do que do público. No que diz respeito às atrações artísticas, apresentava-se aquilo que era considerado brega: cantores sertanejos, cantores da "dor de cotovelo", etc.

O estilo do apresentador era escrachado e politicamente incorreto. Dois exemplos mostram isso. Comentando o casamento da ex-prefeita de São Paulo, disse que, durante o almoço da festa, foi servido picadinho de carne. Afirmou que, se tivesse sido convidado, daria a ela um presente muito bom, como uma baixela de prata ou um serviço de jantar de porcelana, e que, portanto, não admitiria que lhe servissem picadinho. Ridicularizou o cardápio, um almoço de comidas tradicionais de fazenda. Como se observa, o apresentador fazia derrisão do estilo de vida das classes altas e exaltava um estilo de vida popularesco, em que se buscava certo "luxo". Afinal, como dizia Joãozinho Trinta, quem gosta de pobreza é intelectual. Por outro lado, seu estilo era politicamente incorreto: por exemplo, um homossexual que foi reclamar que seu parceiro era sexualmente insaciável foi objeto de todos os tipos de brincadeiras; as histórias das pessoas que iam pedir exame de DNA para comprovação de paternidade eram representadas, sob o modo do escárnio; permitia-se e incentivava-se que as mulheres que acompanhavam o homem que ia ser submetido a exame para comprovação de paternidade brigassem entre si e, portanto, eram apresentadas como desequilibradas, enquanto o homem ficava olhando e um voz em *off* dizia: e o bonitão nem aí. Muitas vezes, o que era dito era permeado de expressões de duplo sentido ou francamente grosseiras.

Ratinho apresentava um bom-senso rude, em que não havia lugar para nenhuma finura intelectual nem para nenhuma elaboração das ideias. Sobre ecologia, repressão à criminalidade, vida conjugal, etc. repetia preconceitos e chavões. O cantor Waguinho, preso por não pagar pensão alimentícia, foi ao programa, para defender-se, segundo ele, do que dizia sua ex-mulher. Num dado momento, Ratinho disse para seu auditório que o cantor não poderia ficar como mau na história, pois um homem não fazia um filho sozinho. Deslocou a questão do pagamento da pensão alimentícia para a geração de um bebê e, portanto, tornou a ex-mulher culpada do que aconteceu.

O apresentador mostrava indignação contra o sistema político. Considerava que os políticos não faziam nada e eram, em geral, corruptos. Apresentava-se como alguém que não tinha medo, que era franco no falar, que afrontava a tudo e a todos, inclusive as leis e as decisões judiciais. Com frequência, afirmava que podiam processá-lo porque ele não tinha medo. As ONGs eram parte do sistema contra o qual se insurgia. Era o caso das instituições que se dedicavam à preservação do meio ambiente e da Sociedade Protetora dos Animais.

O registro linguístico utilizado era o popular, muitas vezes beirando o chulo. A norma culta era muitas vezes usada com afetação, como que dizendo que se tratava de uma linguagem de homossexuais. Tudo era anárquico no programa, de sua decoração a sua condução. O programa recusava a cerimônia e a ritualização das classes mais elevadas. Era um texto que não parecia pronto, pois as marcas de sua feitura estavam nele presentes. Era antes um texto *in fieri* do que um texto *factus*. Tudo era apresentado hiperbolicamente, no modo do excesso. A intensidade da voz do apresentador era bem forte. Na verdade, ele gritava. O andamento do programa era acelerado.

Essas características permitem-nos traçar o *éthos* do apresentador e o *páthos* de seu auditório. O enunciador apresenta um *éthos* masculino, franco no falar, "espaçoso", que não tem medo. Seu enunciatário também é o estereótipo do papel masculino tradicional. Para ele, o mundo não é lugar de conhecimento nem campo de ação ou de mudança, mas lugar de diversão com base em estereótipos e preconceitos. Por isso, naquele programa, não se buscavam a objetividade ou o distanciamento reflexivo, mas a subjetividade e o envolvimento cúmplice. Suscitava o riso preconceituoso e o bom-senso grosseiro. Nada havia no programa do grotesco regenerador ou da carnavalização, pois não havia no que era apresentado nenhuma positividade, mas uma negatividade fundada no escárnio, que buscava reiterar os papéis sociais tradicionais.

Já o programa da Hebe Camargo apresenta um enunciador e um enunciatário completamente diferentes. Seu auditório fica sentado, aplaude polidamente, não é formado por moças em pé, urrando como se estivessem em transe. O cenário apresenta padrões de arrumação e de higiene de uma casa de classe média alta. O figurino da apresentadora é luxuosamente ostentatório, com muito brilho e muitas joias. Tudo apresenta o gosto da "peruíce".

No programa, a apresentadora recebe convidados, como faz qualquer dona de casa, só que os convidados são, de maneira geral, artistas. São cantores, atores, mas podem aparecer também esportistas, decoradores, costureiros. Ela os entrevista, eles debatem um tema e apresentam números musicais. Ao entrevistar os convidados, a apresentadora mostra-se amiga (lembra fatos, fala de pessoas que conheceram, faz alusões a acontecimentos desconhecidos dos telespectadores) e inquisitiva (busca flagrar sua intimidade, como, por exemplo, quando Dado Dolabella contou que, em sua casa, todos andam nus). O que se faz é contar mexericos, fofocas. As celebridades são mostradas como seres humanos normais, em sua rotina doméstica, mas também como seres especiais, que têm um talento inato e que trabalham arduamente para desenvolvê-lo. Com isso, são apresentados como exemplos edificantes de ascensão social, de que o querer é poder, de que o sucesso está ao alcance de todos.

Os números musicais são aqueles do gosto médio. Os temas a serem debatidos dizem respeito à vida individual e familiar (o ciúme, a vida sexual dos casais, etc.).

Hebe esbanja bom humor, simpatia, alto astral, calor humano. Sua linguagem é, digamos, a norma culta real. Sua sociabilidade é regida pela cordialidade. Faz largo uso dos diminutivos (lindinho, gostosinho), de superlativos (chiquérrimo, bacanérrimo), de formas linguísticas de intimidade (chama todos os convidados pelo nome, por exemplo), de exclamações e de adjetivos. Elogia muito seus convidados. Faz *merchandising* de produtos de beleza, de culinária, de limpeza. Vale-se de uma retórica do meio termo, que não admite a desmedida: por isso, os problemas são probleminhas; uma pessoa vaidosa é vaidosinha. O Brasil, para ela, é "bárbaro". Sua grandeza revela-se na música popular, nos esportes, principalmente o futebol, e na sua exuberante natureza. O povo brasileiro é amoroso, leal, trabalhador. Os políticos é que não prestam. Para ela, a política é sujeira. Por isso, manifesta seu desencanto com ela.

O *éthos* da apresentadora é o da mulher de classe média, que festeja e reforça, ao receber convidados em sua casa, a instituição familiar. No entanto, é uma mulher um tanto quanto moderna, que, por exemplo, exprime sua sexualidade (quando recebe um convidado bonito, diz, por exemplo: que homem! que calor!). No entanto, essa expressão da sexualidade não é feita agressivamente. Ao contrário, é mostrada como se fosse uma brincadeira, uma travessura. Seu enunciatário é também a mulher de classe média, com um *páthos*, que se compõe da visão de mundo das camadas médias da população e de seus modos de sentir e de reagir.

Tanto o programa do Ratinho quanto o da Hebe Camargo são discursos eficazes, porque o enunciatário reconhece neles seu discurso, já que eles foram criados a partir de uma imagem sua muito bem-feita. Adere a um enunciador, em que se vê. Isso explica a longevidade e a audiência desses programas.

Os atores da enunciação, imagens do enunciador e do enunciatário, constituem simulacros do autor e do leitor criados pelo texto. São esses simulacros que determinam todas as escolhas enunciativas, sejam elas conscientes ou inconscientes, que produzem os discursos. Para entender bem o conjunto de opções enunciativas produtoras de um discurso e para compreender sua eficácia, é preciso apreender as imagens do enunciador e do enunciatário, com suas paixões e qualidades, criadas discursivamente.

NOTAS

[1] Para nós que nos ocupamos desse povo e do foro, basta conhecer os costumes das pessoas e dizer aquelas coisas que não contrariam a opinião delas.

[2] É necessário um homem agudo, hábil por natureza e experiência, que tenha uma sagaz percepção do que pensam, sentem, opinam e esperam seus cidadãos e aqueles a quem deseja persuadir pelo seu discurso.

BIBLIOGRAFIA

ARISTÓTELES (1991). *Rhétorique*. Paris: Librairie Générale Française.
BENVENISTE, E. (1995) *Problemas de linguística geral*. Campinas: Pontes, tomos I e II.
CÍCERO, M. T. (1972). *De oratore*. Paris: Les Belles Letres.
GREIMAS, A. J.; COURTÉS, J. (1979). *Sémiotique. Dictionnaire raisonné de la théorie du langage*.
Paris: Hachette.

A CONSTRUÇÃO
DOS ESPAÇOS E ATORES
DO NOVO MUNDO

Não se encontra o espaço, é preciso sempre construí-lo.
Bachelard

Não existe pecado ao sul do Equador.
Dito medieval

Quando os europeus aportaram ao Brasil, depararam com um espaço diferente do espaço português: novas árvores, distintos animais, diverso clima, diferente organização da vegetação, outros homens. Iniciaram, então, um processo de construção do espaço a partir de suas categorias. Duas matrizes de configuração espacial existem no imaginário ocidental e ambas deixaram suas marcas na forma de perceber o novo mundo: o paraíso terrestre e o *locus amoenus*. O primeiro tem sua origem no relato bíblico da criação;[1] o segundo constrói-se na tradição literária greco-latina.

Diz o *Gênese*[2] que, depois de ter sido criado, o homem é colocado no paraíso terreal, onde não precisa trabalhar, não sente dores, não morre, convive em harmonia com a natureza. É um estado natural. Depois de provar o fruto proibido, transita da natureza para a cultura. A marca do início da cultura é o aparecimento da vergonha, estado de alma específico do ser humano. Quando os primeiros homens estavam no estado natural, *erat autem uterque nudus, Adam scilicet et uxor eius, et non erubescant* (*Gênese*, II, 25).[3] Assim que provaram do fruto da árvore do conhecimento, *et aperti sunt oculi amborum:*

cum cognovissent se esse nudos, consuerant folia ficus, et fecerunt sibi perizomata (III, 7).[4] Comer da árvore do conhecimento é distinguir o bem do mal, é entrar na cultura. Deus expulsa o homem do paraíso. A primeira queda implica que o homem terá de trabalhar para subsistir, que morrerá, que a natureza lhe será hostil: [...] *maledicta terra in opere tuo: in laboribus comedes ex ea cunctis diebus vitae tuae. Spinas et tribulos germinabit tibi, et comedes herbam terrae. In sudore vultus tui vesceris pane, donec revertaris in terram de qua sumptus es: quia pulvis es, et in pulverem reverteris* (III, 17-19).[5] A mulher foi ainda condenada a dar à luz em meio a dores e a estar sujeita ao homem: *in dolore paries filios, et sub viri potestate eris, et ipse dominabitur tui* (III, 16).[6] A queda marca a entrada do homem na História, ou seja, no tempo e no espaço não míticos, em que sofrerá a condição humana. O castigo do homem é passar a sofrer o tempo (morrerá), o espaço (a natureza lhe será hostil) e a actorialidade (comerá o pão com o suor do rosto, dará à luz em meio à dor). A História está, então, marcada pela temporalidade, pela espacialidade e pela actorialidade.

O mito do paraíso terrestre sempre irrigou a imaginação ocidental: de um lado, produziu obras literárias; de outro, discussões teológicas sobre a natureza do paraíso e sobre sua localização. Tomás de Aquino, por exemplo, que tanta influência teve sobre a doutrina católica, acha que o paraíso poderia localizar-se abaixo da linha equinocial.[7] São Boaventura é mais explícito, pois diz que Deus situou o paraíso abaixo do Equador, *quia secus Aequinoctia est ibi magna temperies temporis* (1885: 2, 17, 3).[8] Ao encontrar novas terras, os europeus, por uma longa tradição literário-religiosa, esperavam aportar no paraíso terrestre, localizado ao sul do equador.

O *locus amoenus* é, por sua vez, um tópico largamente utilizado desde a literatura greco-romana. Segundo Curtius, ele caracteriza-se pela primavera eterna, pela amabilidade da natureza, em que se encontram regatos, fontes, sombras, árvores, relvas macias, tapetes de flores, canto de pássaros, sopro do vento e pela existência de bosques de árvores mistas (1957: 192-202). Ameno significa "aprazível", "amável". Virgílio usa esse qualificativo para referir-se aos fatos narrados e à natureza: *sed amoena piorum concilia Elysiumque colo*[9] (*Eneida*, V, 734-735); *Hunc inter fluvio Tiberinus amoeno*[10] (*Eneida*, VII, 30). Sérvio diz que esses lugares são os que se destinam ao prazer e, portanto, não podem ser utilizados para fins utilitários[11] (apud Curtius, 1957: 199). Ekkehart diz que *delitiis plenus locus appelletur amoenus*[12] (apud Curtius, 1957: 204). Não se pode pensar, no entanto, que nesse *tópos* não estavam presentes as asperezas da natureza. O *locus amoenus* pode aparecer em meio a florestas selvagens e podem nele unir-se vales graciosos e despenhadeiros profundos, criando uma "harmonia de contrastes" (Curtius, 1957: 205 e 209).

Já Horácio, em sua *Arte Poética*, mostra que esse *tópos* se transformara numa maneira habitual de construção do espaço: *Inceptis gravibus plerumque et magna professis/ Purpureus, late qui splendeat, unus et alter/ Assuitur pannus, cum lucus et ara Dianae/ Et properantis aquae per amoenos ambitus agros,/ Aut flumen Rhenum aut pluvius describitur arcus:/ Sed nunc non erat his locus*[13] (v. 14-19). Essas duas tradições de construção do espaço interseccionam-se nos poetas cristão, pois, como nos lembra Curtius, eles utilizavam, para pintar o paraíso, a descrição dos Campos Elíseos feita por Virgílio (1957: 206) (cf. *Eneida*, VI, 637-678). Até mesmo no ritual romano de encomendação dos mortos diz-se: *constituat te Christus inter paradisi sui semper amoena virentia*[14] (Curtius, 1957: 206).

Quando os descobridores chegam ao novo mundo, deparam com um lugar que deveria ganhar um sentido, para se transformar num espaço. Assim, os relatos de viajantes são um esforço de atribuição de sentido ao que parece sem sentido. O sentido dado estava conforme a tradição greco-romano-judaica de construção do espaço na confluência da imagem do paraíso terreal e do *locus amoenus*.

Já na *Carta de Caminha* (Cortesão, 1943: 199-241),[15] o Brasil é visto como um éden, habitado por homens e mulheres nuas. O fato de não terem vergonha da nudez indica que vivem num paraíso terrestre, em que não existe o sentimento de culpa, porque nele se desconhece a distinção entre o bem e o mal.

> Andam nus, sem cobertura alguma. Não fazem o menor caso de encobrir ou de mostrar suas vergonhas; e nisso têm tanta inocência como em mostrar o rosto (p. 204). Parece-me gente de tal inocência que, se homem os entendesse e eles a nós, seriam logo cristãos, porque eles, segundo parece, não têm, nem entendem em nenhuma crença (p. 233). [...] e suas vergonhas tão nuas e com tanta inocência descobertas, que nisso não havia vergonha alguma (p. 219).

A comparação com o primeiro homem aparece explicitamente:

> Entre todos estes que hoje vieram, não veio mais que uma mulher moça, a qual esteve sempre à missa e a quem deram um pano com que se cobrisse. Puseram-lho a redor de si. Porém, ao assentar, não fazia grande memória de o estender bem, para se cobrir. Assim, Senhor, a inocência desta gente é tal, que a de Adão não seria maior, quanto a vergonha (p. 238-239).

> Vivem no ócio, não precisam trabalhar porque a natureza lhes oferece alimento. Têm bastante saúde. Vivem numa liberdade irresponsável.

> Eles não lavram nem criam. Não há aqui boi, nem vaca, nem cabra, nem ovelha, nem galinha, nem qualquer outra alimária, que costumada seja ao viver

166

dos homens. Nem comem senão desse inhame, que aqui há muito, e dessa semente e fruitos que a terra e as árvores de si lançam. E com isso andam tais e tão rijos e tão nédios que o não somos nós tanto, com quanto trigo e legumes comemos (p. 233-234).

A terra é descrita com os elementos do *locus amoenus*: bom clima, muitas árvores, rios, águas salutares.

Andamos por aí vendo a ribeira, a qual é de muita água e muito boa. Ao longo dela há muitas palmas, não mui altas, em que há muito bons palmitos. Colhemos e comemos deles muitos (p. 220).

Fomos até uma lagoa grande de água doce, que está junto com a praia, porque toda aquela ribeira do mar é apaulada por cima e sai a água por muitos lugares (p. 221-222).

Ali ficamos um pedaço bebendo e folgando, ao longo dela, entre esse arvoredo, que é tanto, tamanho, tão basto e de tantas prumagens que homem as não pode contar. Há entre ele muitas palmas, de que colhemos muitos e bons palmitos (p. 232).

Esta terra, Senhor, me parece que da ponta que mais contra o sul vimos até outra ponta que contra o norte vem, de que nós deste porto houvemos vista, será tamanha que haverá nela bem vinte ou vinte e cinco léguas por costa. Tem, ao longo do mar, nalgumas partes, grandes barreiras, delas vermelhas, delas brancas; e a terra por cima toda chã e muito cheia de grandes arvoredos. De ponta a ponta, é tudo praia-palma muito chã e muito formosa.

Pelo sertão nos pareceu, vista do mar, muito grande, porque, a estender os olhos, não podíamos ver senão terra com arvoredos, que nos parecia muito longa.

Nela, até agora, não pudemos saber que haja ouro, nem prata, nem coisa alguma de metal e ferro; nem lho vimos. Porém a terra em si é de muito bons ares, assim frios e temperados, como os de Entre Doiro e Minho porque neste tempo de agora os achávamos como os de lá.

Águas são muitas: infindas. E em tal maneira é graciosa que, querendo-a aproveitar, dar-se-á nela tudo, por bem das águas que tem (p. 239-240).

Essa figurativização repete-se em todos os cronistas e viajantes. Américo Vespúcio começa a mostrar que a América é o paraíso terrestre. Nela tudo é agradável, suave, aprazível, melodioso, doce:

Vista a terra demos graças a Deus, e pusemos para fora as barcas, e com XVI homens, fomos à terra, e descobrimo-la tão cheia de árvores, que era coisa maravilhosa, não somente a grandeza delas, mas o seu verdor, que jamais perdem as folhas, e o cheiro suave, que delas saía, que são todas aromáticas, dava tanto conforto ao olfato, que grande recreio tiramos disto. [...] e uma coisa maravilhosa vimos neste mar, que foi, que antes que chegássemos a terra a 15 léguas, encontramos água doce como de rio [...]. O que aqui vi foi uma feíssima coisa de pássaros de diversas formas, e cores, e tantos papagaios, e de tantos tipos diversos, que era maravilhoso; alguns corados como carmim, outros verdes e corados, e cor de limão, e outros todos verdes, e outros negros e encarnados, e o canto dos pássaros que estavam nas árvores era coisa tão suave e de tanta melodia, que nos acontece muitas vezes estarmos parado pela doçura deles. As suas árvores são de tanta suavidade que pensávamos estar no Paraíso terrestre [...] (1984: 50 e 53).

A formosura e a fertilidade da terra são os temas recorrentes. Recobrem-nos as figuras dos verdes arvoredos, do clima salutar, das águas de boa qualidade, das aves canoras, das frutas maravilhosas, etc.

[...] e terem notado que o país é fértil, provido de muitos animais, pássaros, peixes, árvores, e outras coisas singulares desconhecidas na Cristandade (Gonneville. In: Perrone-Moisés, 1992: 21-22).

Eu trazia comigo alemães e italianos, e homês que foram à Índia e francezes, – todos eram espantados da fermosura desta terra: e andavamos todos pasmados que nos nam lembrava tornar. Aqui neste esteiro tomámos muito pescado de muitas maneiras: morre tanto neste rio e tam bom, que só com o pescado, sem outra cousa, se podiam manter [...]. O ar deste rio he tam bom que nenhûa carne, nem pescado apodrace; e era na força do verão que matavamos veados, e traziamos a carne 10, 12 dias sem sal, e nam fedia. A agua do rio he mui saborosa; pela manhãa he quente, e ao meo dia he muito fria; quanta o homem mais bebe, quanto melhor se acha. Nam se podem dizer nem escrever as cousas deste rio, e as bondades delle e da terra (Sousa, 1964: 58-59).

Por isso, quando a imagem desse novo mundo, que Deus me permitiu ver, se apresenta a meus olhos, quando revejo assim a bondade do ar, a abundância dos animais, a variedade de aves, a formosura das árvores e das plantas, a excelência das frutas e em geral as riquezas que embelezam essa terra do Brasil... (Léry, 1980: 181).

[...] e se começa a plantar cannas de assucar e muitas outras cousas para o mister da vida, porque a terra é fértil de tudo, ainda que algumas, por demasiado pingues, só produzam a planta e não o fructo. É muito salubre e de bons ares, de sorte que sendo muito a nossa gente e mui grandes as fadigas, e mudando da alimentação com que se nutriam, são poucos os que enfermam e estes depressa se curam. A região é tão grande que, dizem, de tres partes em que se dividisse o mundo, occuparia duas; é muito fresca e mais ou menos temperada, não se sentindo muito o calor do estio; tem muitos fructos de diversas qualidades e mui saborosos; no mar egualmente muito peixe e bom. Similham os montes grandes jardins e pomares, que não me lembra ter visto panno de raz tão bello (Nóbrega, 1988: 89).

168

A terra aí é fértil, muito mais apropriada à ceifa do que a de Maragnan ou dos arredores e disseram-me que aí se podem fazer duas colheitas por ano. As florestas são de grande porte, ainda virgens, ricas de várias espécies de madeiras excelentes seja em cores, seja em propriedades medicinais [...]. Nessas florestas, há tal quantidade de cervos, corças, cabritos monteses, vacas selvagens e javalis que, em poucas horas, mata-se o tanto que se quer. E a fim de que não se julgue que uso hipérbole nesse lugar, reporto-me ao testemunho daqueles que se encontraram nessa viagem de Miary e estão, atualmente, na França: quando lerem isso, reconhecerão que eles mesmos me disseram que os selvagens da expedição lhes traziam tão grande quantidade de caça que eles não sabiam mesmo o que fazer com ela. [...] Há um grande número de árvores carregadas de caixas de abelhas. Elas são miúdas, tem mais ou menos a metade do tamanho das nossas, mas são bem mais industriosas, porque elas fazem excelente mel, líquido e claro como a água da rocha (D'Évreux, 1985: 43).

Como muitos autores medievais insistem na tese de que o paraíso é um lugar temperado e, conforme vimos, o próprio Tomás de Aquino acolhe essa ideia, há uma recorrência no fato de que as terras do novo mundo são temperadas, nem quentes nem frias:

E certamente se o paraíso terrestre em alguma parte da terra existir, não longe daquelas regiões estará distando estimo. Das quais o lugar, como te disse, é para o meio-dia, em tanta temperança de ar que lá nem invernos gélidos nem verões quentes jamais existem (Vespúcio, 1984: 96).

Esta Provincia he à vista mui deliciosa e fresca em gram maneira: toda está vestida de mui alto e espesso arvoredo, regada com as aguas de muitas e mui preciosas ribeiras de que abundantemente participa toda a terra, onde permanece sempre a verdura com aquella temperança da primavera que cá nos offerece Abril e Maio. E isto causa não haver lá frios, nem ruinas de inverno que offendão as suas plantas como cá offendem às nossas. Em fim que assi se houve a Natureza com todas as cousas desta Provincia, e de tal maneira se comedio na temperança dos ares, que nunca nella se sente frio nem quentura excessiva (Gandavo, 1964: 27-28).

Em Rocha Pitta, encontramos a prova cabal da utilização do *topos* do *locus amoenus* relacionado ao paraíso terreal na construção do espaço do novo mundo, pois ele cita diferentes lugares amenos da literatura greco-latina e também o paraíso terrestre, mostrando que as terras brasileiras contêm todos eles:

O céu que o cobre é o mais alegre; os astros que o alumiam, os mais claros; o clima que lhe assiste, o mais benévolo; os ares que o refrescam, os mais puros; as fontes que o fecundam, as mais cristalinas; os prados que o florescem, os mais amenos; as plantas aprazíveis, as árvores frondosas, os frutos saborosos, as estações temperadas. Deixe a memória o Tempe de Tessália, os pênseis de Babilônia, e os jardins das Hespérides, porque este terreno em continuada primavera é o vergel do mundo, e se os antigos o alcançaram podiam pôr nele o terreal Paraíso, o Letes e os Campos Elíseos, que das suas inclinações lisonjeados ou reverentes, às suas pátrias fantasiaram em outros lugares (1950: 53).[16]

No que diz respeito à construção da imagem dos habitantes do novo mundo, a primeira questão que tratam de explicar os viajantes é que são homens. Além disso, afirmam que são limpos, gordos e formosos. São afáveis. São, de certa forma, iguais aos europeus. Não se trata mais de monstros horrendos, de gigantes disformes ou seres anormais, como contavam as geografias fantásticas da Idade Média. Na *Carta de Caminha* aparecem as seguintes observações:

> Dali avistamos homens que andavam pela praia, obra de sete ou oito (p. 201).
> A feição deles é serem pardos, maneira de avermelhados, de bons rostos e bons narizes bem feitos (p. 204).
> Porém e com tudo isto andam muito bem curados e muito limpos. E naquilo me parece ainda mais que são como aves ou alimárias monteses, às quais faz o ar melhor pena e melhor cabelo que às mansas, porque os corpos seus são tão limpos, tão gordos e formosos, que não pode mais ser (p. 222-223).
> Neste dia, enquanto ali andaram, dançaram e bailaram sempre com os nossos, ao som de um tamboril dos nossos, em maneira que são muito mais nossos amigos que nós seus (p. 234).

Os outros cronistas e viajantes insistem na mesma ideia:

> A gente desta terra he toda alva; os homês mui bem dispostos, e as molheres mui fermosas, que nam ham nenhûa inveja às da Rua Nova de Lixboa (Sousa, 1964: 28).

Jean de Léry chega a afirmar que os índios têm pelos como nós (1980: 112), para mostrar que são como os europeus.

Esses habitantes do novo mundo levam uma vida adâmica. Como vimos antes, não são tocados pelo sentimento da vergonha, que só passou a existir, segundo o relato do *Gênese*, depois que o homem provou do fruto proibido, não precisam trabalhar e vivem em harmonia com a natureza. Além disso, parece não serem atingidos pela lei da morte, pois sua longevidade é impressionante:

> Vivem muito tempo. Os velhos chegam ordinariamente até os cento e vinte e cinco anos e algumas vezes até os cento e quarenta (Pigafetta, 1985: 57).
> Direi, inicialmente, a fim de proceder com ordem, que os selvagens do Brasil, habitantes da América, chamados Tupinambás, entre os quais residi

durante quase um ano e com os quais tratei familiarmente, não são maiores nem mais gordos do que os europeus; são porém mais fortes, mais robustos, mais entroncados, mais bem dispostos e menos sujeitos a moléstias, havendo entre eles muito poucos coxos, disformes, aleijados ou doentios. Apesar de chegarem muitos a 120 anos (sabem contar a idade pela lunação), poucos são os que na velhice têm os cabelos brancos ou grisalhos, o que demonstra não só o bom clima da terra, sem geadas nem frios excessivos que perturbem o verdejar permanente dos campos e da vegetação, mas ainda que poucos se preocupam com as coisas deste mundo. E de fato nem bebem eles nessas fontes lodosas e pestilenciais que nos corroem os ossos, dessoram a medula, debilitam o corpo e consomem o espírito, essas fontes, em suma que, nas cidades, nos envenenam e matam e que são a desconfiança e a avareza, os processos e intrigas, a inveja e a ambição. Nada disso os inquieta e menos ainda apaixona e domina, como adiante mostrarei. E parece que haurem todos eles na fonte na Juventude (Léry, 1980: 111-112).

As diferenças percebidas pelos europeus são muitas. Para poder compreendê-las, utilizam-se de duas operações linguísticas: a comparação e a negação. Com a primeira, estabelecem semelhanças entre a realidade desconhecida da América e a conhecida da Europa, homologando, assim, esses dois espaços muito diversos. Pigafetta assim descreve o abacaxi e a carne de anta:

> Aqui nos provisionamos abundantemente [...] de uma espécie de fruto parecido com a pinha,[17] porém que é extremamente doce e de gosto delicioso, [...] de carne de anta – a qual é parecida com a carne de vaca, etc. (1985: 57).

Gandavo faz inúmeras comparações para explicar os animais e as plantas da terra brasileira:

> Huma planta se dá támbem nesta Provincia, que foi da ilha da Sam Thomé, com a fruita da qual se ajudam muitas pessoas a sustentar na terra. Esta planta he mui tenra e nam muito alta, nam tem ramos senam humas folhas que serão seis ou sete palmos de comprido. A fruita della se chama bananas: Parecem-se na feição com pepinos, e crião-se em cachos [...]. Esta fruita he mui sabrosa, e das boas, que ha na terra: tem uma pelle como de figo (ainda que mais dura) a qual lhe lanção fora quando a querem comer (1964: 36-37).
>
> Ha outra fruita que nasce pelo mato em humas arvores tamanhas como pereiras ou macieiras: a qual he de feição de peros respinaldos, e muito amarella. A esta fruita chamão cajú (1964: 37).
>
> Chamam-lhes Tatús, e são quasi tamanhos como Leitões: tem hum casco como de Cágado, o qual é repartido em muitas juntas como laminas e propor-cionados de maneira, que parece totalmente um cavalo armado. Tem hum rabo comprido todo coberto do mesmo casco: o focinho he como leitam, ainda que mais delgado algum tanto, e nam bota mais fóra do casco que a cabeça. Tem

as pernas baixas, crião-se em covas como coelhos. A carne destes animaes he a melhor, e a mais estimada que ha nesta terra, e tem o sabor quasi como de galinha (1964: 41).[18]

Os atores, principalmente, são definidos pela negação em relação aos europeus. Ao valer-se dessa operação linguística, os cronistas e viajantes mostram que faltam aos indígenas brasileiros determinadas qualidades, que os fariam idênticos aos europeus. Pela negação, a alteridade ganha corpo, a partir de uma visão europocêntrica. A negação prototípica dessa visão é a célebre afirmação de Gandavo sobre a língua falada pelos indígenas:

> [...] carece de tres letras, convem a saber, nam se acha nella F, nem L, nem R, cousa digna despanto porque assi nam têm Fé, nem Lei, nem Rei, e desta maneira vivem desordenadamente sem terem, além disso, nem peso, nem medido (1964: 54).

As negações incidem principalmente sobre crenças, costumes, modos de ser, enfim, sobre a cultura. As negações nem sempre indicam defeitos dos indígenas, muitas vezes eles são mostrados como seres naturais, não sendo, portanto, atingidos por estados de alma negativos, como, por exemplo, a cobiça.

> Nam adoram a cousa alguma, nem têm para si que ha depois da morte gloria para os bons e penas para os maos (Gandavo, 1964: 54).
>
> Esta gente nam tem entre si nenhum Rei, nem outro genero de justiça, senam um principal em cada aldêa, que he como capitam, ao qual obedecem por vontade, nam por força (Gandavo, 1964: 55).
>
> Mas a vida que buscam e grangearia de que todos vivem, he á custa de pouco trabalho, e muito mais descansada que a nossa: porque nam possuem nenhuma fazenda, nem procuram acquiri-la como os outros homens, e assi vivem livres de toda cobiça e desejo desordenado de riquezas, de que as outras nações nam carecem; e tanto que ouro nem prata nem pedras preciosas têm entre eles nenhuma valia, nem pera seu uso têm necessidade de nenhuma cousa desta, nem doutras semelhantes (Gandavo, 1964: 57).[19]

Em alguns aspectos, os viajantes e cronistas revelam total incompreensão do comportamento dos indígenas. De um lado, alguns chocam-se com a antropofagia, que não é vista em seu contexto simbólico, mas como uma crueldade, apesar de serem descritos os rituais que precedem a morte do índio a ser devorado (cf. Gandavo, 1964: 62-64). Outros, como Thévet (1978: 130-133) e Léry (1980: 193-210), parecem perceber que, para os índios, a antropofagia tem um valor simbólico. No entanto, desqualificam esse simbolismo, como coisa não verdadeira. Por exemplo, Thévet, com uma oração conformativa, deixa subentendido que o que pensam os indígenas não pode ser considerado verdade por um europeu:

> Lavam seus filhos homens neste sangue com o fito de torná-los mais corajosos, conforme pensam (1978; 132).

No que concerne às trocas, todos os viajantes e cronistas insistem em que os indígenas trocavam coisas valiosas por objetos sem qualquer valor. Isso mostra uma visão absoluta dos valores. Na verdade, os indígenas trocavam objetos utilitários (ferramentas, etc.) ou simbólicos (adornos, etc.) para eles por objetos utilitários (alimentos, etc.) ou simbólicos (adornos indígenas) para os europeus. No entanto, estes acham que só os objetos que recebiam dos indígenas eram dotados de valor:

> Fizemos também vantajosas trocas. Por um anzol ou uma faca nos deram cinco ou seis galinhas; por um pente, dois gansos; por um espelho ou uma tesoura, o pescado suficiente para comerem dez pessoas; por um guizo ou um cinto, os indígenas nos traziam um cesto de batatas, nome que dão aos tubérculos que são mais ou menos a figura dos nossos nabos e cujo sabor é parecido ao das castanhas. Trocamos inclusive as figuras das cartas de baralho. Por um rei de ouro me deram seis galinhas e ainda acreditavam ter feito um magnífico negócio (Pigafetta, 1985: 57).
>
> [...] e pelo amor de algumas pequenas liberalidades que lhes faziam, pentes, facas, machados, espelhos, miçangas e outras bugigangas, tão amadas que por elas se deixariam esquartejar, e lhes traziam abundância de carne e peixes, frutas e víveres, e tudo o que eles viam ser agradável aos cristãos, como peles, plumagens, raízes para tingir; em troca do que lhes eram dadas quinquilharias e outras coisas de baixo preço: de modo que reuniu-se cerca de cem quintais das ditas mercadorias, que na França teriam alcançado bom preço (Perrone-Moisés, 1992: 23).

O mesmo comportamento dos indígenas e dos europeus é avaliado diferentemente. Quando modalizados pelo querer saber, os indígenas são considerados curiosos, enquanto os europeus, ávidos de conhecimento (cf. Thévet, 1978: 144; Léry, 1980: 212). Thévet diz que os indígenas são "os mais fingidos e sutis ladrões que se possa imaginar" (1978: 136), mas quando rouba um chocalho de um indígena, afirma que desejou tê-lo por sua singularidade, para dar a conhecer aos europeus o novo mundo (1978: 177).

A visão do espaço como o paraíso ou um *locus amoenus* e do indígena como o homem natural, que vive adamicamente, vai exercer um grande papel na constituição dos mitos de origem da nação brasileira, durante o Romantismo.

A criação de uma nova nação exigia que se forjasse para ela uma identidade. Os brasileiros deveriam determinar quem eram eles. Para isso, o romantismo brasileiro cria o indianismo, que nasce da

> [...] aspiração de fundar em um passado mítico a nobreza recente do país, assim como – *mutatis mutandi* – as ficções de W. Scott e de Chateaubriand rastreavam na Idade Média feudal e cavaleiresca os brasões contrastados por uma burguesia em ascensão (Bosi, 1975: 101).

É um lugar comum na história literária brasileira mostrar que à volta para a Idade Média do romantismo europeu corresponde, no Brasil, o indianismo. Tanto um como o outro pretendem exaltar a nação. Para isso, promovem um retorno às origens da nacionalidade e o culto às línguas nacionais.

> Para o Romantismo, tanto os indivíduos quanto os povos são feitos da substância do que aconteceu antes; e a frase de Comte, que os mortos persistem nos vivos, exprime esse profundo desejo de ancorar o destino do homem na fuga do tempo (Candido, 1964: 227).

Dentro desse movimento de criação da identidade nacional brasileira, exerce um papel central *O guarani*, de Alencar.[20]

O romance tem 54 capítulos, divididos em 4 partes, intituladas *Os aventureiros, Peri, Os aimorés* e *A catástrofe*. Encontra-se, sob essa estrutura de superfície, outra mais profunda, que estaria radicada em dois modos de organização discursiva: o oxímoro e a antítese. O texto dividir-se-ia em três partes: 1. estado edênico inicial, em que se conciliam *natureza e cultura*; 2. estado de desequilíbrio, em que se manifestam oposições; 3. estado harmônico final, em que volta a se unir a oposição *natureza e cultura*. A primeira e a terceira partes apresentam um modo de organização oximórico; a segunda, um modo de arranjo antitético.

O livro inicia-se com uma descrição do cenário onde está situada a casa de D. Antônio de Mariz, onde se passarão os acontecimentos relatados no romance. Esse espaço está organizado a partir um marco espacial inscrito no texto, três ou quatro léguas acima da foz do Paquequer, afluente do rio Paraíba.

Sua figurativização é feita com as figuras do *locus amoenus*: beleza e exuberância da natureza, abundância de sombras, águas, flores, presença de árvores protetoras. A segunda característica que chama a atenção na figurativização do lugar é que a natureza é vista como um ser vivo. Ela é mesmo antropomorfizada.

No meio dessa natureza culturalizada, aparece um elemento humano: a casa de Dom Antônio de Mariz. Ela é figurativizada como um castelo me-

174

dieval. Aliás, o próprio narrador diz que era "um verdadeiro solar de fidalgo português", que "fazia as vezes de um castelo feudal na Idade Média" (p. 20). Em sua decoração (p. 17-18), unem-se também cultura (cadeiras de couro de alto espaldar, mesa de jacarandá de pés torneados, lâmpada de prata, reposteiro de damasco vermelho, etc.) e natureza (lindas penas de nossas aves, peles de animais, uma garça-real empalhada, etc.).

A figurativização permite-nos dizer que o cenário criado pelo narrador manifesta o tema da integração da natureza e da cultura, da harmonia do homem com o espaço.

Ao movimento de antropomorfização da natureza corresponde uma naturalização da cultura. O episódio intitulado a ave-maria mostra que a prece, elemento cultural por excelência, é "meio cristã (cultura) e meio selvagem (natureza)" (p. 43).

Nesse jardim do éden, existe, entretanto, uma serpente. Inicia-se a segunda parte do livro, em que o discurso, organizado sob o modo antitético, começa a explicitar as contradições entre as personagens. A primeira oposição que se estabelece entre elas é: índios vs. brancos. Os primeiros são selvagens, isto é, pertencentes ao universo natural; os segundos são civilizados, ou seja, integrantes do universo cultural. No interior de cada um desses subgrupos, há os bons e os maus. Entre os selvagens, bom é Peri, índio goitacá, cuja mãe fora salva por D. Antônio de Mariz (p. 97). O índio vem demonstrar sua gratidão ao fidalgo português e salva Cecília, sua filha, que estava debaixo de uma rocha que começa a cair (p. 93). O índio, que, durante um ataque a uma vila de brancos, ficara impressionado com uma imagem de Nossa Senhora (p. 105), ao ver Cecília, considera-se seu escravo (p. 50, 57-58). Ela será sempre sua Iara (p. 93). Peri passa a viver para a felicidade de sua senhora, para satisfazê-la nos mínimos desejos, para afastar dela perigos e preocupações. É o protótipo do "bom selvagem", mas, ao mesmo tempo, é um barão português (p. 45, 136). Tem heroísmo (p. 94), nobreza (p. 97), inteligência (p. 115), beleza (p. 28). Os índios maus são os aimorés. São apresentados como homens de *aspecto embrutecido* (p. 224), *de estatura gigantesca e aspecto feroz; cobertos de peles de animais e penas amarelas e escarlates, armados de grossas clavas e arcos enormes* (p. 195), *de aspecto horrível* (p. 213); são vistos como *nação degenerada* (p. 182). São animalizados:

> Enquanto se ocupavam com esse trabalho, um prazer feroz animava todas as fisionomias sinistras, nas quais a braveza, a ignorância e os instintos carniceiros tinham quase de todo apagado o cunho da raça humana.
>
> Os cabelos arruivados caíam-lhe sobre a fronte e ocultavam inteiramente a parte mais nobre do rosto, criada por Deus para a sede da inteligência, e para o trono donde o pensamento deve reinar sobre a matéria.

Os lábios decompostos, arregaçados por uma contração dos músculos faciais, tinham perdido a expressão suave e doce que imprimem o sorriso e a palavra; de lábios de homem se haviam transformado em mandíbulas de fera afeitas ao grito e ao bramido.

Os dentes agudos como a presa do jaguar já não tinham o esmalte que a natureza lhes dera; armas ao mesmo tempo que instrumento da alimentação, o sangue os tingira da cor amarelenta que têm os dentes dos animais carniceiros.

As grandes unhas negras e retorcidas que cresciam nos dedos, a pele áspera e calosa, faziam de suas mãos, antes garras temíveis, do que a parte destinada a servir ao homem e dar ao aspecto a nobreza do gesto.

Grandes peles de animais cobriam o corpo agigantado desses filhos das brenhas, que a não ser o porte ereto se julgaria alguma raça de quadrúmanos indígenas do novo mundo (p. 218-219).

São *bárbaros que se alimentam de carne humana* (p. 227). Os sons que produzem são *roucos e guturais* (p. 235).

D. Diogo, filho de D. Antônio de Mariz, mata, inadvertidamente, uma índia aimoré durante uma caçada (p. 38-39) e os índios resolvem atacar a casa e vingar-se dessa morte. Eclode um conflito armado entre os brancos e os índios aimorés.

Por outro lado, também os brancos dividem-se entre bons e maus. Entre os primeiros estão D. Antônio e sua família, D. Álvaro, um perfeito cavalheiro, e Aires Gomes, companheiro de armas do fidalgo português. Se os aimorés são considerados feras (p. 78), a serpente no jardim do éden, *escondida entre as folhas e a relva*, é Loredano (p. 78), um filho de pescadores, saído das lagunas de Veneza, ex-frade carmelita, que, depois de ouvir a confissão de um moribundo, apodera-se do mapa das minas de prata de Robério Dias, deixa a batina e, abrigado na casa de D. Antônio, arquiteta um plano de matar a família, apoderar-se de Cecília, fazendo dela a *barregã de um aventureiro*, e ir explorar as minas, para tornar-se um homem muito rico. Dois sentimentos fazem dele um homem mau: a cupidez, a *auri sacra fames* (p.102), e a luxúria, o desejo de possuir Cecília (p. 152). São também maus seus cúmplices. Paixões baixas penetram esse universo cavalheiresco e ameaçam destruí-lo. Há, pois, duas grandes ameaças contra o solar português: uma externa, provinda da natureza (p. 156); outra, interna à cultura, advinda da febre do ouro e do desejo sexual desregrado (p 102).

Os brancos opõem-se por outros traços. D. Antônio é um legítimo fidalgo português, enquanto sua esposa, D. Lauriana, é uma paulista não nobre, *imbuída de todos os prejuízos da fidalguia e de todas as abusões religiosas daquele tempo* (p. 21). "O espírito de nobreza que em D. Antônio de Mariz era um realce, nela tornava-se uma ridícula exageração" (p. 40). Os dois se opõem pela

176

naturalidade e artificialidade. A nobreza é parte da natureza de D. Antônio, mas é algo postiço em D. Lauriana.

D. Antônio tem uma filha, Cecília, e uma sobrinha, Isabel. Na verdade, esta é sua filha natural, fruto de seu amor passageiro por uma índia (p. 132). A primeira é loira; a segunda, morena (p. 33). Enquanto a primeira mostra um lado infantil, brejeiro, espiritual, a segunda mistura languidez e malícia, indolência e vivacidade. Aquela é um anjo, esta é uma mulher.

> Cecília era a graça; Isabel era a paixão; os olhos azuis de uma brincavam; os olhos negros da outra brilhavam.
>
> O sorriso de Cecília parecia uma gota de mel e perfume que destilavam os seus lábios mimosos; o sorriso de Isabel era como um beijo ideal, que fugia-lhe da boca e ia roçar com as suas asas a alma daqueles que a contemplavam.
>
> Vendo aquela menina loura, tão graciosa e gentil, o pensamento elevava-se naturalmente ao céu, despia-se do invólucro material e lembrava-se dos anjinhos de Deus.
>
> Admirando aquela moça morena, lânguida e voluptuosa, o espírito apegava-se à terra; esquecia o anjo pela mulher; em vez do paraíso, lembrava-se de algum retiro encantador, onde a vida fosse um breve sonho (p. 140).

D. Antônio e Cecília respeitam os indígenas (p. 35, 38, 70, 94, 133), enquanto D. Lauriana e Isabel têm um profundo desdém por eles. Aquela, por não os considerar humanos (p. 69); esta, porque eles lhe lembravam sua mãe, a raça de que provinha e o desdém com que era tratada (p. 99); tinha *ódio de uma raça que a rebaixava a seus próprios olhos* (p. 260).

Álvaro é chamado cavalheiro, enquanto Loredano é considerado um aventureiro (p. 52). No primeiro encontro de ambos, a linguagem de Álvaro é clara, enquanto a de Loredano é cheia de alusões e subentendidos (p. 23-24). Essa claridade e essa obscuridade discursivas revelam o caráter dos dois: aquele é leal, franco, incapaz de uma vilania; este é traiçoeiro (p. 112-116).

Estabelece-se também uma oposição entre Peri e Álvaro. No entanto, ela constrói-se sobre uma base de semelhança.

> Os dois homens olharam-se um momento em silêncio; ambos tinham a mesma grandeza de alma e a mesma nobreza de sentimentos; entretanto as circunstâncias da vida haviam criado neles um contraste.
>
> Em Álvaro, a honra e um espírito de lealdade cavalheiresca dominavam todas as suas ações; não havia afeição ou interesse que pudesse quebrar a linha invariável, que ele havia traçado, e era a linha do dever.
>
> Em Peri a dedicação sobrepujava tudo; viver para sua senhora; criar em torno dela uma espécie de providência humana, era sua vida; sacrificaria o

mundo se possível fosse, contanto que pudesse, como o Noé dos índios, salvar uma palmeira onde abrigar Cecília.

Entretanto essas duas naturezas, uma filha da civilização, a outra, filha da liberdade selvagem, embora separadas por distância imensa, compreendiam-se; a sorte lhes traçara um caminho diferente; mas Deus vazara em suas almas o mesmo germe do heroísmo que nutre os grandes sentimentos (p. 157).

Apresentadas as antíteses, há uma série de relações ternárias que se estabelecem entre personagens. No capítulo 8º, intitulado *Três linhas*, apresentam-se três homens a olhar a janela do quarto de Cecília. De um lado, está Álvaro; de outro, Loredano; no centro, Peri. Os três amam Cecília de maneira distinta.

> Loredano desejava; Álvaro amava; Peri adorava. O aventureiro daria a vida para gozar; o cavalheiro arrostaria a morte para merecer um olhar; o selvagem se mataria, se preciso fosse, só para fazer Cecília sorrir (p. 52).

> Assim o amor se transformava tão completamente nessas organizações, que apresentava três sentimentos bem distintos: um era a loucura, o outro uma paixão e o último uma religião (p. 52).

Esses sentimentos dos três por Cecília vão definir conflitos e alianças entre eles. Álvaro, nessa noite, passando por sobre um abismo que separa a esplanada do quarto de Cecília, deposita no parapeito de sua janela um bracelete de pérolas que trouxera do Rio de Janeiro; Loredano, enfrentando também os perigos de pendurar-se no abismo, joga nele o presente de Álvaro (p. 53). Mais tarde, justamente no 8º capítulo da segunda parte, Peri desce, qual herói mítico, ao abismo para recuperar o bracelete e entregá-lo a Cecília. Para isso, vence répteis e insetos (p. 123-126).

Por outro lado, Álvaro ama Cecília e Isabel o ama. D. Antônio de Mariz dá a mão de Cecília a Álvaro e este jura que se casará com ela (p. 131-132). Isabel acaba deixando escapar seu segredo e, pouco a pouco, o cavalheiro, que sentia por Cecília uma afeição calma e serena (p. 122), é arrebatado pela violência da paixão (p. 145). Sua honra não lhe permite violar a palavra dada, mas Isabel acaba transformando-se em sua esposa do túmulo, quando ele é ferido pelos aimorés (p. 261-263). Cecília incentiva o amor de sua meia-irmã por Álvaro (p. 129).

O castelo nos trópicos edificado por D. Antônio de Mariz é o símbolo da colonização portuguesa. Está ele assediado por dois inimigos: um externo e natural, os aimorés, e outro interno e cultural, o bando de aventureiros cúpidos rebelados por Loredano. O edifício colonial está sendo atacado por elementos

178

naturais perversos e pelos baixos sentimentos de muitos colonizadores. D. Antônio de Mariz manda seu filho D. Diogo ao Rio de Janeiro em busca de socorro (p. 161-162). O socorro externo, porém, não chega a tempo. D. Antônio espera o ataque final dos aimorés e faz explodir o paiol de pólvora da casa, matando todos os aimorés, os aventureiros, mas também a família (p. 272). É o edifício colonial que foi destruído e com ele seus inimigos externos e internos. Todos estão mortos, resta apenas o casal inicial. Pode-se, então, construir o mito de origem da nacionalidade.

Antes, porém, é preciso analisar o papel dos quatro elementos primordiais da natureza, água, terra, fogo e ar, na figurativização da destruição do edifício colonial. Tanto os aventureiros quanto os aimorés pretendiam atear fogo à casa de D. Antônio de Mariz e contavam com o vento (= o ar) para impulsioná-lo. Assim, ar e fogo são vistos como elementos de destruição. Os aventureiros ateariam fogo a montes de palha dispostos ao longo da casa (p. 179). Os selvagens atacam a habitação com setas inflamadas (p. 267) e o vento impele o fogo (p. 272). Quando D. Antônio faz explodir o paiol de pólvora, o fogo é o elemento de destruição. Peri faz uma tentativa de salvar os habitantes da casa. Primeiro, para despertar os outros aventureiros, abre as torneiras das grandes talhas de água potável, para que o líquido se derrame e inunde o chão onde dormem os aventureiros que não faziam parte da conspiração, acordando-os (p. 184). Depois que a rebelião explode, envenena a água e o vinho dos aventureiros com curare, veneno violento extraído de uma planta; ao mesmo tempo, engole um fruto venenoso, para que os aimorés, quando realizassem o rito canibal, depois de matá-lo, morressem envenenados (p. 245). Verifica-se que água e terra (= o fruto que contém o curare) são os elementos de salvação da casa de D. Antônio. No entanto, o plano de Peri não dá certo, porque a nobreza de D. Antônio não permite que os aventureiros sejam mortos por envenenamento (p. 246) e não em luta leal, e porque Álvaro salva Peri das mãos dos aimorés (p. 245) e, então, este busca, na mata, um contraveneno que o salve (p. 256-257).

Voltemos ao casal inicial. Quando os aimorés puseram fogo na casa, Peri concebe um plano para salvar sua senhora, a fuga de D. Antônio de Mariz com Cecília. O fidalgo português, contudo, rejeita a possibilidade de abandonar os seus. No entanto, diz que, se Peri fosse cristão, confiar-lhe-ia a filha. Peri aceita ser batizado e recebe o nome cristão de Antônio, o mesmo do velho fidalgo (p. 268-270). O índio deve levar Cecília até o Rio de Janeiro, à casa de uma irmã de D. Antônio de Mariz. Foge, então, com sua senhora pelo rio Paquequer.

Ao longo de todo o romance, Peri, apesar de toda sua nobreza, é apresentado com um selvagem (p. 97). Ao aceitar o batismo, transforma-se no herói mediador mítico. Reúne natureza e cultura, a identidade tupi e a

179

identidade portuguesa. No mito, nomear é criar. Quando Peri, conservando o seu nome, recebe o nome de D. Antônio, adquire uma identidade luso-tupi. Ao mesmo tempo, o narrador vai mostrando a transformação de Cecília em mulher:

> Toda a sua vida estava mudada: a desgraça tinha operado essa revolução repentina, e um outro sentimento ainda confuso ia talvez completar a transformação misteriosa da mulher.
> Em torno dela tudo se ressentia dessa mudança; as cores tinham tons harmoniosos; o ar perfumes inebriantes; a luz reflexos aveludados, que seus sentidos não conheciam.
> Uma flor, que antes era para ela apenas uma bela forma, parecia-lhe agora uma criatura que sentia e palpitava; a brisa, que outrora passava como um simples bafejo das auras, murmurava ao seu ouvido nesse momento melodias inefáveis, notas místicas que ressoavam no seu coração (p. 278).

É então que Cecília percebe o homem Peri. Antes o considerava apenas um escravo, um amigo. Agora, apercebe-se de sua beleza (p. 279-280). Peri não está mais dentro da civilização, mas no seu elemento, a natureza. No seu elemento, ganha uma nova dimensão (p. 280). Cecília decide não ir para a casa da tia no Rio de Janeiro, mas passar a viver com o índio (p. 288). Num movimento inverso ao de Peri, que, ao tornar-se cristão, une natureza e cultura, Cecília assume sua condição de elemento da natureza, englobando, assim, cultura e natureza.

> Mas qual o laço que a prendia ao mundo civilizado? Não era ela quase uma filha desses campos, criada com o seu ar puro e livre, com as suas águas cristalinas?
> A cidade lhe aparecia apenas como uma recordação da primeira infância, como um sonho do berço; deixara o Rio de Janeiro aos cinco anos, e nunca mais ali voltara.
> O campo, esse tinha para ela outras recordações ainda vivas e palpitantes; a flor da mocidade tinha sido bafejada por essas auras; o botão desatara aos raios desse sol esplêndido.
> Toda a sua vida, todos os seus belos dias, todos os seus prazeres infantis viviam ali, falavam naqueles ecos da solidão, naqueles murmúrios confusos, naquele silêncio mesmo.
> Ela pertencia, pois, mais ao deserto do que à cidade; era mais uma virgem brasileira do que uma menina cortesã; seus hábitos e seus gostos prendiam-se mais às pompas singelas da natureza, do que às festas e às galas da arte e da civilização (p. 288).

Nuvens negras acumulam-se nas cabeceiras do Paraíba. Pelo barulho das águas, Peri percebe que as águas da chuva vão provocar uma grande inundação.

180

Vai para a margem do rio com Cecília e vê uma grande massa de água precipitar-se pelo Paraíba. Não tem tempo de embrenhar-se na mata. Sobe então no alto de uma palmeira e fica lá com Cecília.

> Tudo era água e céu.
>
> A inundação tinha coberto as margens do rio até onde a vista podia alcançar; as grandes massas de água que o temporal durante uma noite inteira vertera sobre as cabeças dos confluentes do Paraíba, desceram das serranias, e, de torrente em torrente, haviam formado essa tromba gigantesca que se abatera sobre a várzea (p. 293).

A tempestade continua ao longo da cordilheira, a água cresce sempre. A cúpula da palmeira, em que se achavam Peri e Cecília, parecia uma ilha de verdura banhando-se nas águas da corrente; as palmas que se abriam formavam no centro um berço mimoso, onde os dois amigos, estreitando-se, pediam ao céu para ambos uma só morte, pois uma só era a vida (p. 293).

Peri diz que vai salvar Cecília e conta-lhe o mito de Tamandaré, que é o Noé indígena. O mito narra que, tendo havido um dilúvio, que cobriu toda a Terra de água e matou todos os homens, Tamandaré e sua mulher escaparam em cima da copa de uma palmeira, pois a água cavara a terra, arrancara a palmeira e esta subira com as águas acima do vale, das árvores, das montanhas. O casal povoou a Terra (p. 295). Peri abraça-se à palmeira em que está com Cecília, sacode-a, abala suas raízes, que se desprendem da terra já minada profundamente pela torrente. A luta do homem com a árvore é sobre-humana. "Luta terrível, espantosa, louca, desvairada: luta da vida contra a matéria; luta do homem contra a terra; luta da força contra a imobilidade" (p. 295). No fim, a cúpula da palmeira resvala pela flor da água, levando o casal que escapara do dilúvio. Os dois beijam-se. E o livro termina da seguinte maneira: *A palmeira arrastada pela torrente impetuosa fugia... E sumiu-se no horizonte.* O horizonte onde some a palmeira é o futuro do povo que se constituiria a partir de um casal inicial formado por um índio que aceitara os valores cristãos e uma portuguesa que acolhera os valores da natureza do Novo Mundo. Essa nação teria um caráter cultural luso-tupi.

O mito é sempre uma *coincidentia oppositorum*. No nosso caso, o mito de origem da nação brasileira opera com a união da natureza com a cultura, ou seja, dos valores americanos com os europeus. O Brasil seria, assim, a síntese do velho e do novo mundo, construída depois da destruição do edifício colonial e dos elementos perversos da natureza. No entanto, ao contrário da parte inicial do romance, também construída sob a forma oximórica, na terceira parte é a natureza que predomina sobre a cultura. Os elementos lusitanos permanecem, mas modificados pelos valores da natureza americana.

A nação brasileira aparece depois do dilúvio, em cuja descrição se juntam os mitos das duas civilizações constitutivas da nação brasileira, o de Noé e o de Tamandaré.

Como diz Alfredo Bosi, os mitos ajudam muito mais a compreender a época em que foram forjados do que o universo remoto que pretendem explicar (1992: 176). O selo de nobreza da nação brasileira é dado pela fusão do sangue português com o sangue tupi. Essa fusão une a nobreza de uma e de outra cultura. Dela está excluído o elemento africano, que foi importantíssimo, juntamente com o indígena e o europeu, para a formação da nacionalidade. No entanto, essa conciliação luso-tupi não conta a realidade da ocupação portuguesa, com os massacres da população indígena. Por outro lado, o indígena que está na base da nação brasileira é o que aceita os valores cristãos, aquele que, em sua entrega ao branco, assume uma nova identidade. Os outros são vistos como selvagens que devem ser exterminados.

O belo e heroico Peri junta-se a uma galeria de outras personagens criadas por Alencar:

> [...] como respostas ao desejo ideal de heroísmo e pureza a que se apegava, a fim de poder acreditar em si mesma, uma sociedade mal ajustada, presa a lutas recentes de crescimento político. No meio de tanta revolução sangrenta [...], em meio à penosa realidade da escravidão e da vida diária – surgia a visão dos seus imaculados Parsifais, puros, inteiriços, imobilizados pelo sonho em meio à mobilidade da vida e das coisas (Candido, 1964: 220).

O tempo pós-independência, com todas as lutas que se seguiram para consolidá-la, não era, porém, o tempo do homem comum, mas o tempo de constituir identidades, de buscar heróis fundadores, de procurar a profundidade do tempo lendário, de ir mitificar a origem da raça.

O guarani mostra, além da fundação da nacionalidade, duas outras fundações, a do romance brasileiro e a das preocupações com a identidade da língua falada no Brasil. No prefácio de *Sonhos d'ouro*, de 1872, Alencar, em polêmica com aqueles que o tachavam de pouco vernáculo, traça um quadro de sua ficção, mostrando que procurara criar um romance brasileiro, que abarcasse as grandes etapas da vida do novo país. Há, segundo ele, na sua obra, romances que retratam a fase primitiva, a das lendas e mitos da terra conquistada; outros que contam o período histórico do "consórcio do povo invasor com a terra americana, que dele recebia a cultura, e lhe retribuía nos eflúvios de sua natureza virgem e nas reverberações de um solo esplêndido" (1955: 34); outros ainda que representam o Brasil independente, sua diversidade regional, o campo e a Corte (1955: 34-35). Deixa claro que o romance deve formar o verdadeiro gosto

182

nacional, "fazendo calar as pretensões, hoje tão acesas, de nos recolonizarem pela alma e pelo coração, já que não o podem pelo braço" (1955: 35).

Como se disse antes, Alencar foi acusado pelos defensores do purismo lusitano de pouco vernáculo, pois seu texto estaria inçado de americanismos. Nessa época, chamavam-se americanismos ou brasileirismos particularidades lexicais ou gramaticais da língua portuguesa falada no Brasil. O termo tinha forte conteúdo pejorativo. Há uma passagem de *O guarani* sobre a língua falada por Peri, que é preciso analisar:

> – Não te zangues, disse o índio com doçura; Peri te ama, porque tu fazes a senhora sorrir. A cana quando está à beira d'água, fica verde e alegre; quando o vento passa, as folhas dizem Ce-ci. Tu és o rio; Peri é o vento que passa docemente, para não abafar o murmúrio da corrente; é o vento que curva as folhas até tocarem na água.

> Álvaro fitou no índio um olhar admirado. Onde é que este selvagem sem cultura aprendera a poesia simples, mas graciosa; onde bebera a delicadeza de sensibilidade que dificilmente se encontra num coração gasto pelo atrito da sociedade?

> A cena que se desenrolara a seus olhos respondeu-lhe: a natureza brasileira, tão rica e brilhante, era a imagem que produzia aquele espírito virgem, como o espelho das águas reflete o azul do céu.

> Quem conhece a vegetação de nossa terra desde a parasita mimosa até o cedro gigante; quem no reino animal desce do tigre e do tapir, símbolos da ferocidade e da força, até o lindo beija-flor e o inseto dourado; quem olha este céu que passa do mais puro anil aos reflexos bronzeados que anunciam as grandes borrascas; quem viu, sob a verde pelúcia da relva esmaltada de flores que cobre as nossas várzeas, deslizar mil répteis que levam a morte num átomo de veneno, compreende o que Álvaro sentiu.

> Com efeito, o que exprime essa cadeia que liga os dois extremos de tudo o que constitui a vida? Que quer dizer a força no ápice do poder aliada à fraqueza em todo o seu mimo; a beleza e a graça sucedendo aos dramas terríveis e aos monstros repulsivos; a morte horrível a par da vida brilhante?

> Não é isso a poesia? O homem que nasceu, embalou-se e cresceu nesse berço perfumado, no meio de cenas tão diversas, entre o eterno contraste do sorriso e da lágrima, da flor e do espinho, do mel e do veneno, não é um poeta?

> Poeta primitivo, canta a natureza na mesma linguagem da natureza; ignorante do que se passa nele, vai procurar nas imagens que tem diante dos olhos, a expressão do sentimento vago e confuso que lhe agita a alma.

> Sua palavra é a que Deus escreveu com as letras que formam o livro da criação; é a flor, o céu, a luz, a cor, o ar, o sol; sublimes coisas que a natureza fez sorrindo.

> A sua frase corre como o regato que serpeja, ou salta como o rio que se despenha da cascata; às vezes se eleva ao cimo da montanha, outras desce e rasteja como o inseto, sutil, delicada e mimosa (p. 116-117).

A identidade da língua falada no Brasil é correlata à do homem brasileiro, cuja origem o romance descreveu. Não se trata do português tal como é falado em Portugal, mas de um português modificado pela natureza brasileira. A língua falada no novo país é um reflexo, na sintaxe e no léxico, das suavidades e asperezas da natureza da América. É uma fusão também da cultura com a natureza. Alencar não preconiza que se fale tupi, mas esse português modificado no Brasil. Com essa concepção do povo e da língua do Brasil, Alencar não poderia nunca admitir que a literatura brasileira reproduzisse os cânones linguísticos portugueses. Deveria ela incorporar a variedade linguística que se falava no país agora independente. A independência linguística dos padrões portugueses era tão importante quanto a independência política. Essa proposta está na base da longa tradição de discussões sobre o estatuto da língua nacional, que perpassa todo o século XIX e chega até o Modernismo.

O Romantismo, em oposição ao Classicismo, valoriza as diferenças entre as nações, as peculiaridades das línguas nacionais, reflexos do gênio do povo, e as tradições de cada país. Exalta o que é único, singular. O Romantismo brasileiro, aparecido no momento posterior à independência, não poderia ser diferente. No seu esforço de criar uma identidade nacional, espalha a confiança no futuro da jovem nação, canta sua natureza, nutre um forte entusiasmo pelo seu povo. Dois são os elementos básicos do nacionalismo brasileiro: de um lado, a exaltação da grandeza da natureza tropical, com sua variedade de flores e animais, com sua primavera eterna, com seus rios imensos, com sua luminosidade crua, em oposição à natureza dos países não tropicais, onde há o frio, a neve, a névoa, a escuridão; de outro, a identificação do homem com essa natureza exuberante, que lhe dava um espírito de liberdade e de coragem e, ao mesmo tempo, restituía-lhe a inocência primitiva do jardim do Éden. Todo nacionalismo precisa de origens, de mitos, de começos heroicos. O índio do passado não constituía nenhum perigo à ordem vigente, fundada na escravidão dos negros. Por outro lado, a ideia de que ele não se adaptava à escravidão servia para constituir o mito de um homem com espírito de liberdade e coragem, qualidades necessárias para ser um dos heróis fundadores. Os escritos sobre o Brasil no período romântico transmitem uma imagem positiva do povo brasileiro, constroem um discurso otimista sobre o país (Leite, 1976: 326).

Essa concepção do espaço continua não só no Romantismo. Bilac opera, nas suas chamadas poesias infantis, com as mesmas figuras. Um exemplo evidente é o poema *A pátria*:

> Ama, com fé e orgulho, a terra em que nasceste!
> Criança! não verás nenhum país como este!

Olha que céu! que mar! que rios! que floresta!
A natureza, aqui, perpetuamente em festa,
É um seio de mãe a transbordar carinhos.
Vê que vida há no chão! vê que vida há nos ninhos,
Que se balançam no ar, entre os ramos inquietos!
Vê que luz, que calor, que multidão de insetos!
Vê que grande extensão de matas, onde impera
Fecunda e luminosa, a eterna primavera!
(1996: 339)

Em oposição ao discurso do espaço edênico e do homem natural, surge o discurso do espaço como inferno e do homem como um ser degenerado, incapaz de civilização. O discurso sobre o Brasil torna-se pessimista, debruça-se sobre as deficiências do país e sobre seu atraso, que são atribuídos seja à existência no país de raças consideradas inferiores, seja ao determinismo geográfico, uma vez que se considerava que os trópicos tinham influência nefasta sobre o caráter. Esse discurso justificava a miséria pavorosa de uma parcela de população brasileira: devia-se à incapacidade das classes mais pobres (Leite, 1976: 326-327). Esse discurso aparece também na literatura. Observe-se, por exemplo, *O cortiço*, de Aluísio Azevedo. Nele, a trajetória de Jerônimo mostra que o europeu amolece nos trópicos, perde sua virtude, é incompatível com ele (1997: 62, 74-75). As pessoas são um amontoado de machos concupiscentes e de fêmeas sem pudor (1997: 30-31). O espaço determina os comportamentos. É figurativizado com o calor, a pastosidade, a podridão, a lama, o charco, o lodo, o pântano, onde tudo amolece e perde a distintividade. Nesse espaço, ganham relevo os seres rastejantes, pequenos, sem a dignidade dos grandes mamíferos. O romance *A selva*, de Ferreira de Castro, descreve, com detalhes, essa figurativização do espaço americano (s.d.: 52, 106, 126-127, 129-130, 173-174, 185-186).

Na construção do espaço do novo mundo, dois discursos afrontam-se: o do paraíso e o do inferno. Na produção do sentido dado a seus habitantes também: de um lado, o homem natural, que vive como um novo Adão; de outro, o ser degenerado, incapaz de civilização. Dois olhares europeus, que, ao longo destes quinhentos anos, vêm determinando as maneiras de ver as personagens e o espaço brasileiros. O discurso do inferno é a contraface do discurso do paraíso. Cada um deles serviu para criar mitos e justificar preconceitos. Os brasileiros sabemos que não somos determinados pelo espaço, mas pelas relações sociais, pela História. O discurso da determinação pelo espaço serviu para justificar toda sorte de espoliações, de explorações, de dominações e de resistência às mudanças. É hora de tomar consciência da função dessa construção cultural, para pensar em mudar nossa triste História, que não se deve ao fato de habitarmos tristes trópicos.

NOTAS

[1] Cabe lembrar, no entanto, que a palavra *paraíso* provém do persa *pairidaeza*, que significa "jardim cercado de muros".

[2] Usaremos a *Vulgata*, pois foi ela o texto oficial da Igreja Católica transmitido a todos os fiéis.

[3] Estavam um e outro, isto é, Adão e sua mulher, nus e não tinham vergonha.

[4] E abriram-se os olhos de ambos: como percebessem que estavam nus, costuraram folhas de figueira e fizeram para si uma veste.

[5] Maldita seja a terra por tua causa. Com o trabalho, tirarás dela a subsistência todos os dias de tua vida. Ela produzirá para ti espinhos e cardos e comerás a herva da terra. Com o suor de teu rosto, comerás o pão, até que voltes à terra de que foste tirado, pois és pó e em pó te hás de tornar.

[6] Parirás os filhos na dor, e estarás sob o poder do homem, e ele dominar-te-á.

[7] Na questão CII da *Summa Theologica*, Tomás de Aquino, depois de mostrar que o paraíso era um lugar material, ao discutir se era ele morada conveniente ao homem, mostra que os que colocam o paraíso sob o círculo equinoxial dizem que há, sob tal círculo, um lugar temperado, por causa de contínua igualdade do dia e da noite e conclui, afirmando: Quidquid autem de hoc sit, credendum est paradisum in loco temperatissimo constitutum esse, vel sub aequinoctiali, vel alibi (Como quer que seja, é necessário pensar que o paraíso foi constituído num lugar muito temperado, quer sob o equador, quer alhures) (CII, II, Ad quartum).

[8] [...] porque junto da linha equinocial, há grande temperança do tempo.

[9] [...] mas habito o Elísio na agradável companhia dos homens piedosos (V, 734-735).

[10] No meio dele, o Tibre de curso aprazível (VII, 30).

[11] Loca solius voluptatis plena... unde nullus fructus exsolvitur.

[12] Será chamado ameno um lugar cheio de delícias.

[13] Muitas vezes, a um nobre início, cheio de grandes promessas, cosem-se um ou dois tapetes cintilantes, que brilham de longe: é o bosque sagrado e a ara de Diana; ou ainda um riacho que corre serpenteando pelos amenos campos; ou ainda uma descrição do Reno ou uma descrição do arco-íris: mas nada disso está em seu lugar.

[14] Que Cristo te coloque no meio dos sempre aprazíveis arvoredos de seu paraíso.

[15] É interessante notar que o Brasil é simplesmente mencionado em dois livros em que se esperava que o descobrimento ocupasse um lugar importante. No *Esmeraldo de Situ Orbis*, de Duarte Pacheco Pereira, o Brasil aparece apenas numa enumeração de latitudes, quando, depois de dizer "Estes são os graos da ladeza que se estes lugares da terra do Brasil, d'além do mar Oceano, apartam da linha equinocial em ladeza contra o polo antártico", enumeram-se lugares conhecidos do litoral brasileiro com sua respectiva latitude (Carvalho, 1991: 553-554). Em *Os Lusíadas*, aparece apenas uma alusão ao Brasil: Mas cá onde mais se alarga, ali tereis/ Parte também, co pau vermelho nota;/ De Santa Cruz o nome lhe poreis;/ Descobri-lo-á a primeira vossa frota (X, 140, 1-4).

[16] Todas as obras citadas neste trabalho, com exceção das de D'Évreux e de Rocha Pitta, foram escritas no século XVI. A de D'Évreux foi produzida por volta de 1614, mas, como lembra Hélène Castres na introdução, o autor era um homem do século XVI (p. 7). A primeira edição da *História da América Portuguesa*, de Rocha Pitta, é de 1730.

[17] Lembremo-nos de que, em espanhol, o abacaxi é chamado *piña americana* ou simplesmente *piña* e de que, em inglês, é denominado *pineapple*.

[18] Conferir também as belas descrições feitas por Léry do abacaxi (1980: 178) e do porco do mato, que ele chama *javali do país* (1980: 137).

[19] Além dos exemplos mencionados, confira-se também Pigafetta, 185: 57; Cortesão, 1943: 233; Thévet, 1978: 105.

[20] Nossa análise de *O guarani* é tributária de análises já feitas, como Bosi, 1992: 176-193 e Sant'Ana, 1973: 54-83.

BIBLIOGRAFIA

ALENCAR, José de (1995). *O guarani*. 19. ed. São Paulo: Ática.

_____. (1958). *Obra completa*. Rio de Janeiro: Aguilar, v. III.

_____. (1955). *Sonhos d'ouro*. 3. ed. Rio de Janeiro: José Olympio.

AQUINO, Tomás de (1948). *Suma teológica*. Tradução portuguesa acompanhada do texto latino por Alexandre Correia. São Paulo: Faculdade de Filosofia "Sedes Sapientiae", v. IX.

AZEVEDO, Aluísio (1997). *O cortiço*. São Paulo: Klick.

BILAC, Olavo (1996). *Olavo Bilac:* obra reunida. Rio de Janeiro: Nova Aguilar.

BOAVENTURA, São (1885). Commentaria in quatuor libros sententiarum Magistri Petri Lombardi. In: *Opera omnia S. Bonaventurae*. Florença: Quarachi, v. 2.

BOSI, Alfredo (1975). *História concisa da literatura brasileira*. São Paulo: Cultrix.

_____ (1992). *Dialética da colonização*. São Paulo: Companhia das Letras.

CAMÕES, Luís de (1988). *Obra completa*. Rio de Janeiro: Nova Aguilar.

CANDIDO, Antonio (1964). *Formação da literatura brasileira (momentos decisivos)*. 2. ed. São Paulo: Martins, v. II.

CARVALHO, Joaquim Barradas de (1991). *Esmeraldo de Situ Orbis de Duarte Pacheco Pereira*. Edição crítica e comentada. Lisboa: Fundação Calouste Gulbenkian.

CORTESÃO, Jaime (1943). *A carta de Pero Vaz de Caminha*. Rio de Janeiro: Edições Livros de Portugal.

CURTIUS, Ernst Robert (1957). *Literatura europeia e idade média latina*. Rio de Janeiro: Instituto Nacional do Livro.

D'ÉVREUX, Yves (1985). *Voyage au Nord du Brésil*. Paris: Payot.

GANDAVO, Pero de Magalhães (1964). *História da Província de Santa Cruz e Tratado da Terra do Brasil*. São Paulo: Obelisco.

HORACE (1950). *Oeuvres complètes*. Paris: Garnier, t. II.

LEITE, Dante Moreira (1976). *O caráter nacional brasileiro:* história de uma ideologia. 3. ed. São Paulo: Pioneira.

LÉRY, Jean de (1980). *Viagem à terra do Brasil*. Belo Horizonte/São Paulo: Itatiaia/EDUSP.

NÓBREGA, Manoel da (1988). *Cartas do Brasil:* 1549-1560. Belo Horizonte/ São Paulo: Itatiaia / EDUSP.

PERRONE-MOISÉS, Leyla (1992). *Vinte-luas:* viagem de Paulmier de Gonneville ao Brasil: 1503-1505. São Paulo: Companhia das Letras.

PIGAFETTA, Antonio (1985). *A primeira viagem ao redor do mundo:* o diário da expedição de Fernão de Magalhães. Porto Alegre: L&PM Editores.

PITTA, Sebastião da Rocha (1950). *História da América portuguesa*. Rio de Janeiro: Jackson.

SANT'ANA, Affonso Romano de (1973). *Análise estrutural de romances brasileiros*. 2. ed. Petrópolis: Vozes.

SOUSA, Pero Lopes de (1964). *Diário da navegação*. São Paulo: Obelisco.

VESPÚCIO, Américo (1984). *Novo mundo. Cartas de viagens e descobertas*. Porto Alegre: L&PM Editores.

VIRGILE (1968). *L'Énéide*. Paris: Garnier.

O AUTOR

José Luiz Fiorin

É professor do Departamento de Linguística da Faculdade de Filosofia, Letras e Ciências Humanas da Universidade de São Paulo (USP). É doutor em Linguística pela mesma universidade (1983). Trabalha na área de Linguística, com ênfase em Teoria e Análise Linguística, atuando principalmente nos seguintes temas: enunciação, estratégias discursivas, procedimentos de constituição do sentido do discurso e do texto, produção dos discursos sociais verbais, sobre os quais tem vários livros e artigos publicados. Foi representante da área de Letras e Linguística na Capes e membro do Conselho Deliberativo do CNPq. Pela Contexto, publicou *Elementos de análise do discurso, Introdução à linguística I. Objetos teóricos, Introdução à linguística II. Princípios de análise* e *África no Brasil: a formação da língua portuguesa*, estes três últimos como organizador; também é coautor de *Bakhtin: outros conceitos-chave* e *Ethos discursivo*.

LEIA TAMBÉM

DICIONÁRIO DE SEMIÓTICA
A. J. Greimas e J. Courtés

Clássico. Obrigatório. Atual. O *Dicionário de semiótica* de Greimas e Courtés desperta adjetivos como esses por parte dos mais importantes especialistas em semiótica e linguística de todo o mundo. Pois aí está ele, em excelente tradução, edição bem cuidada e prefácio de José Luiz Fiorin.

A obra permite três percursos de leitura: a leitura alfabética, a leitura do verbete e daqueles que têm como entrada os termos indicados ao final e a leitura do verbete e daqueles que se referem a vocábulos indicados com asterisco. Cabe ao leitor percorrer o dicionário como quiser. É um verdadeiro hipertexto, indispensável para todos os interessados nas ciências da linguagem.

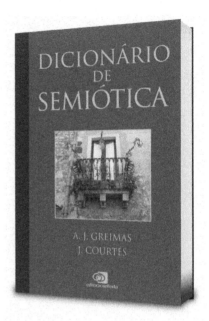

SEMIÓTICA DO DISCURSO
Jacques Fontanille

Este livro é um manual introdutório para alunos, professores e pesquisadores da Semiótica. Escrito por um dos maiores semioticistas do mundo contemporâneo, *Semiótica do discurso* apresenta as correntes teóricas mais recentes, aborda grandes temas da teoria da significação e mostra seu surgimento e desenvolvimento como ciência. E isso é importante uma vez que a Semiótica do Discurso, em particular, é uma área do conhecimento que se mostra útil para muitas disciplinas no campo das ciências humanas. Linguagem acessível, muitos exemplos e esquemas didáticos, além do uso do diálogo direto com o leitor e a presença de juízos de valor ao longo do texto são os grandes diferenciais deste livro. A obra foi enriquecida de um prefácio do autor à edição brasileira, que discute a importância da Semiótica do Discurso no âmbito das teorias do discurso.

Cadastre-se no site da Contexto
e fique por dentro dos nossos lançamentos e eventos.
www.editoracontexto.com.br

Formação de Professores | Educação
História | Ciências Humanas
Língua Portuguesa | Linguística
Geografia
Comunicação
Turismo
Economia
Geral